▶ 유튜브 종이쌤과 함께하는

세상에서 가장 친절한
종이접기

인기편

유튜브 종이쌤과 함께하는
세상에서 가장 친절한 종이접기 ● 인기편

초판 인쇄 | 2025년 4월 18일
초판 발행 | 2025년 5월 2일

지은이 | 종이쌤(이번찬)
발행인 | 김태웅
기획 | 김귀찬
편집 | 유난영
표지 디자인 | 남은혜
본문 디자인 | 이해선
마케팅 총괄 | 김철영
온라인 마케팅 | 김은진
제작 | 현대순

발행처 | (주)동양북스
등 록 | 제 2014-000055호
주 소 | 서울시 마포구 동교로22길 14 (04030)
구입 문의 | 전화 (02)337-1737 팩스 (02)334-6624
내용 문의 | 전화 (02)337-1763 이메일 dymg98@naver.com

ISBN 979-11-7210-108-4 13630

유튜브 종이쌤과 함께하는

세상에서 가장 친절한
종이접기

종이쌤 지음

인기편

동양북스

옛날에는 종이를 만드는 것이 쉽지 않았어요. 종이는 아주 귀한 물건이었답니다. 그래서 초기의 종이는 주로 글자를 기록하는 데 쓰였지요. 이후 종이가 많이 만들어지면서 글자 기록 이외에 물건 포장이나 의식용품, 생활소품 등을 만드는 데 사용되었어요. 이렇게 종이로 각종 필요한 물건들을 접어 만들면서 종이접기가 시작되었다고 해요. 특히 우리나라에서는 종이접기가 어린이의 교육적 목적으로 널리 사용되었어요. 기록들을 살펴보면 종이접기가 교과서로 사용된 적도 있다고 해요. 그렇다면 종이접기의 효과를 한번 알아볼까요?

종이접기는 **어린이의 두뇌 발달**에 매우 좋은 영향을 준다고 해요. 손으로 종이를 반듯하게 맞추고 모서리를 접는 등의 섬세한 활동을 함으로써 좌뇌와 우뇌를 자극해 뇌의 발달에 효과적이랍니다. 또한 단순히 손만 쓰는 것이 아니라 눈으로 모양을 체크하면서 다양한 모양으로 종이를 접다 보니 손과 눈의 협응력과 여러 소근육 발달에 좋답니다.

종이를 접는 과정에서 당연히 **집중력과 인내심**도 기를 수 있어요. 원하는 작품을 만들기 위해서는 만드는 순서를 지켜가며 정해진 단계를 거쳐야 해요. 이는 각 단계마다 주어진 미션을 차례차례 수행하는 것처럼 집중력을 필요로 하고, 한 번에 뚝딱 만들어지는 작품은 없기 때문에 꾸준한 인내심 또한 필요로 하게 돼요. 물론 완성하고 난 다음의 높은 성취감은 말할 것도 없겠지요?

종이접기는 **창의력과 상상력 발달**에 도움이 돼요. 처음 네모난 종이를 한 번 두 번 접을 때마다 모양이 변해가는 것을 보며 어떻게 접어야 다음 모양이 나올지, 완성된 모양으로 가기 위해 어떻게 접어야 할지를 상상하며 접게 되기 때문이지요.

작은 종이접기 완성품들을 모아 작품을 만드는 활동 등의 응용을 통해 **창작활동**도 할 수 있어요. 뿐만 아니라 종이접기를 하며 다양한 도형들을 접하고 색종이를 접고 자르고 합치는 과정을 통해 **수학적 사고와 공간 개념**을 자연스럽게 학습할 수 있답니다. 사각형, 삼각형, 원, 입체도형뿐만 아니라 반을 접고 나누는 과정에서 **분수 개념** 등도 습득할 수 있고요. 이렇게 종이접기는 놀이라는 형태로 종합적으로 학습에 많은 도움을 준답니다.

이번 인기편은 위에서 설명한 종이접기를 통한 놀이의 효과에 집중하여 책을 만들었어요. 아무래도 놀이의 핵심은 재미고, 색종이 친구들이 재밌어하는 내용으로만 책을 구성하면 놀이의 효과가 극대화되지 않을까 하는 생각이 들었거든요.

종이쌤 채널에서 가장 인기 있는 종이접기가 무엇인지 알고 있나요? 바로 미니카 접기예요. 실제로 미니카 접기를 책으로 만들어 달라는 색종이 친구들의 요청이 정말 많았답니다. 그래서 인기편에서는 종이쌤 채널의 미니카 접기 중 색종이 친구들에게 가장 인기 있는 미니카 접기 30가지를 넣었어요. 그리고 미니카 이외에 인기 있는 장난감, 이벤트용품, 동물 등도 넣었어요.

종이쌤도 어렸을 때 다른 종이접기 책들을 보고 따라 접어 보았어요. 그림으로 설명된 종이접기 책은 내가 접은 색종이 모양과 책에 설명된 그림이 같은 모양인지 다른 모양인지 헷갈릴 때가 많아, 따라 접는 데에 어려움이 많더라고요. 그래서 종이쌤 책에 등장하는 모든 종이접기는 각 단계마다 종이쌤이 직접 하나하나 사진을 찍어서 만들었어요. 색종이 친구들이 접은 모양과 책의 사진을 비교하면서 접는다면 어느 부분을 어떻게 접어야 하는지 훨씬 쉽게 이해할 수 있을 거예요.

이 책에 등장하는 모든 종이접기는 종이쌤 유튜브 채널에 친절하고 자세한 영상으로 접는 방법이 설명되어 있답니다. 간혹 정말 어려운 부분은 영상을 통해 배울 수 있으니 더욱 더 접기 쉽겠죠?

종이접기를 좋아하는 색종이 친구들!
종이쌤과 함께 쉽고 재밌는 종이접기를 통해 앞으로
무궁무진한 가능성을 가진 여러분의 꿈과 미래를 발전시켜 보아요!

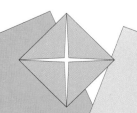

차례

PART 1　부릉부릉 세상을 누비는 미니카

뱀파이어 탱크 미니카
54

소드 미니카
56

뱀파이어 소드 미니카
58

람보르기니 미니카
59

페라리 미니카
62

포르쉐 미니카
65

벤츠 미니카
67

롤스로이스 미니카
71

드래곤 미니카
73

파이어 미니카
79

배트맨 미니카
81

다이아몬드 미니카
84

배틀 미니카
85

레이싱 미니카
88

애로우 미니카
90

방패 미니카
91

PART 2 친구들과 신나는 **장난감**

종이접기를 시작하기 전에 종이접기 기호를 익혀 보아요.
접는 방법을 설명한 그림이나 기호를 이해하면
다양한 작품을 더욱 쉽게 접을 수 있어요!

1 종이접기 기호

안으로 접기

아래로 반을 접어요.

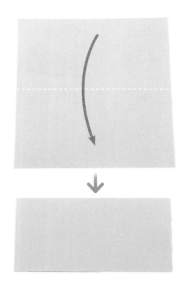

표시선 만들기

가로세로 반으로 접고 펴서 표시선을 만들어요.

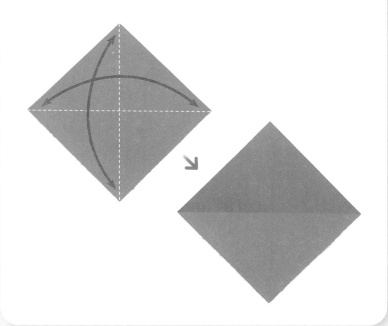

밖으로 접기

밖으로 반을 접어요.

뒤집기

뒤집어요!

방향 바꾸기

방향을
바꿔요

맞춰 접기

★과 ★이 만나도록 올려 접어요.

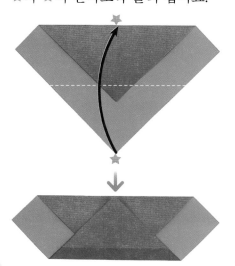

가위로 자르기

표시된 부분을 가위로 잘라요.

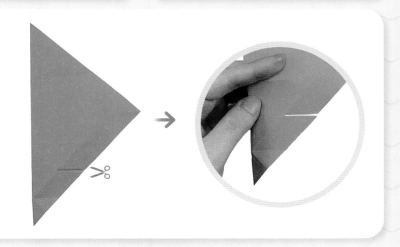

벌려 펼쳐 접기

⇧에 손가락을 넣어 벌려 양쪽을 펼쳐 접어요.

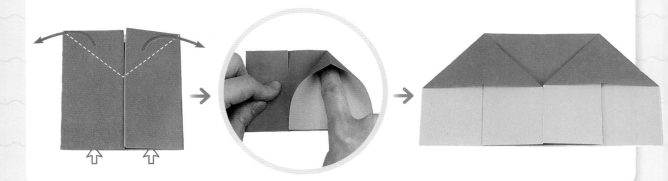

접은 선에 맞춰 넣어 접기   접은 선에 맞춰 양쪽을 넣어 접어요.

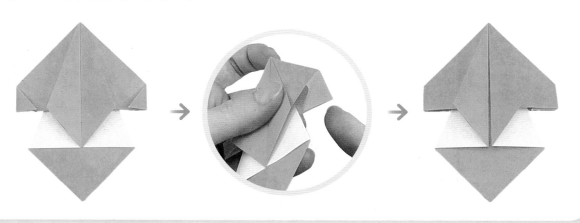

선을 따라 모아 접기

접은 선을 따라 모아 접어요.

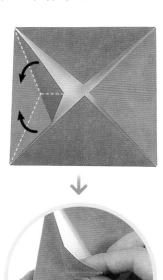

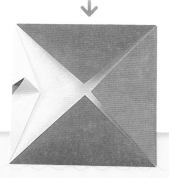

풀로 붙이기

표시된 부분을 풀로 붙여요.

풀칠   풀칠

풀칠   풀칠

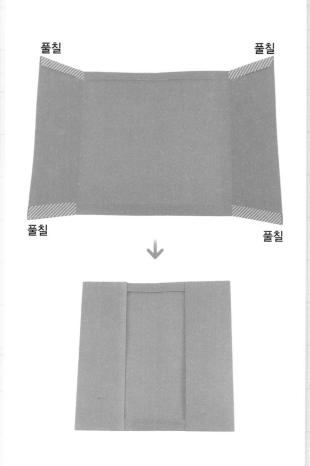

세모 접기

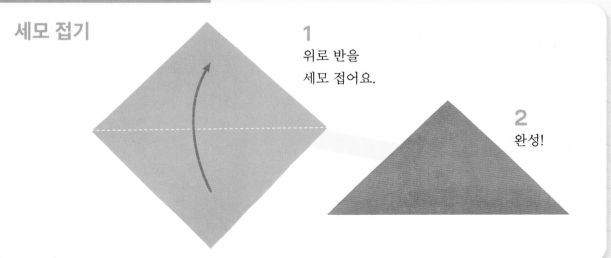

1 위로 반을
세모 접어요.

2 완성!

네모 접기

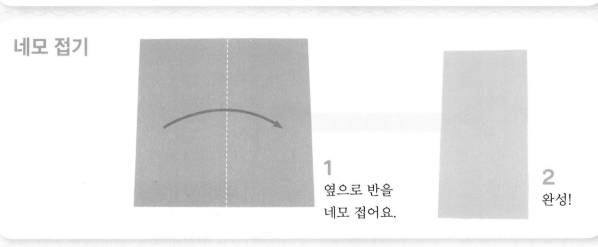

1 옆으로 반을
네모 접어요.

2 완성!

아이스크림 접기

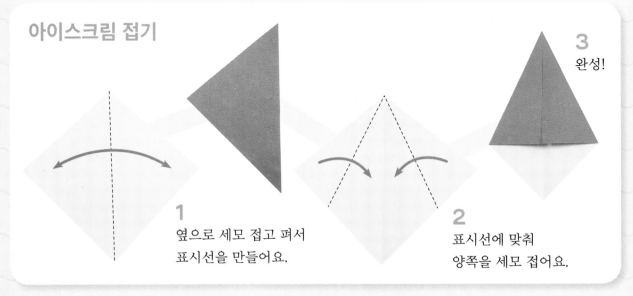

1 옆으로 세모 접고 펴서
표시선을 만들어요.

2 표시선에 맞춰
양쪽을 세모 접어요.

3 완성!

대문 접기

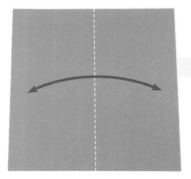

1 옆으로 반을 네모
접고 펴서 표시선을
만들어요.

2 표시선에 맞춰
양쪽을 네모 접어요.

3 완성!

계단 접기

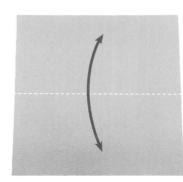

1 아래로 반을 접고 펴서
표시선을 만들어요.

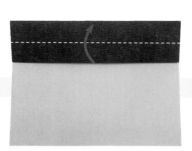

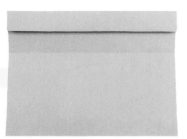

2 표시선에 맞춰
아래로 네모 접어요.

3 위로 반을 네모 접어요.

4 완성!

방석 접기

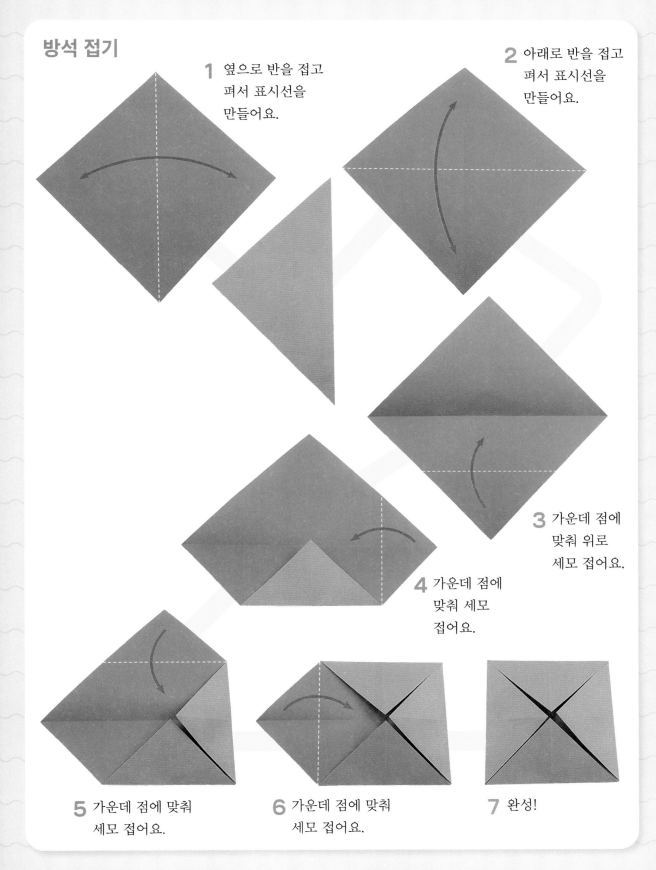

1 옆으로 반을 접고 펴서 표시선을 만들어요.

2 아래로 반을 접고 펴서 표시선을 만들어요.

3 가운데 점에 맞춰 위로 세모 접어요.

4 가운데 점에 맞춰 세모 접어요.

5 가운데 점에 맞춰 세모 접어요.

6 가운데 점에 맞춰 세모 접어요.

7 완성!

집 접기(펼쳐 접기)

1 아래로 반을
  네모 접어요.

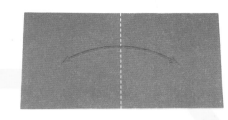

2 옆으로 반을 접고
  펴서 표시선을
  만들어요.

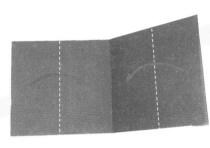

3 표시선에 맞춰
  양쪽을 반 접어요.

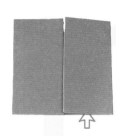

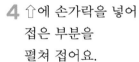

4 ⇧에 손가락을 넣어
  접은 부분을
  펼쳐 접어요.

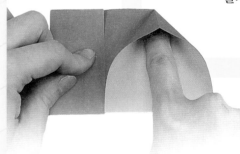

5 반대쪽도 똑같이
  펼쳐 접어요.

6 완성!

세모주머니 접기

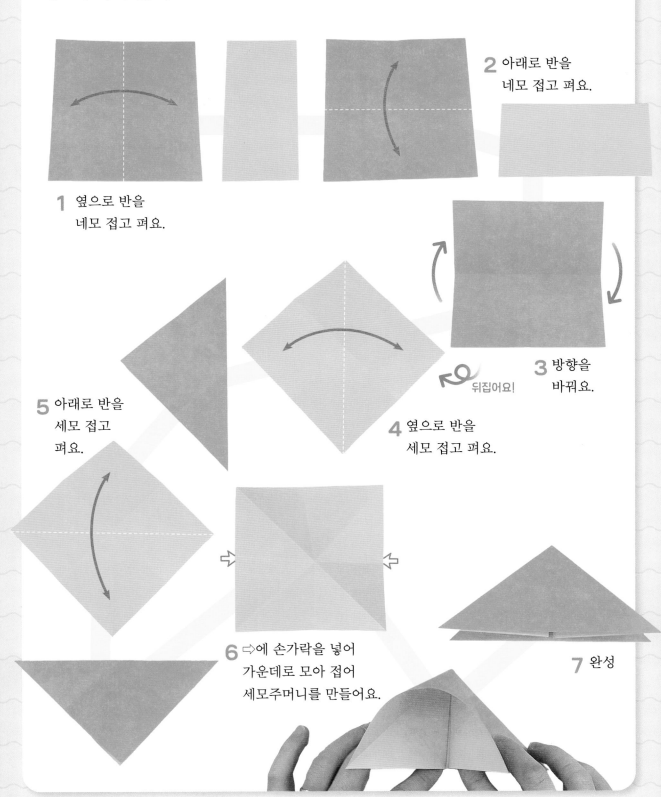

1 옆으로 반을
네모 접고 펴요.

2 아래로 반을
네모 접고 펴요.

3 방향을
바꿔요.

뒤집어요!

4 옆으로 반을
세모 접고 펴요.

5 아래로 반을
세모 접고
펴요.

6 ⇨에 손가락을 넣어
가운데로 모아 접어
세모주머니를 만들어요.

7 완성

네모주머니 접기

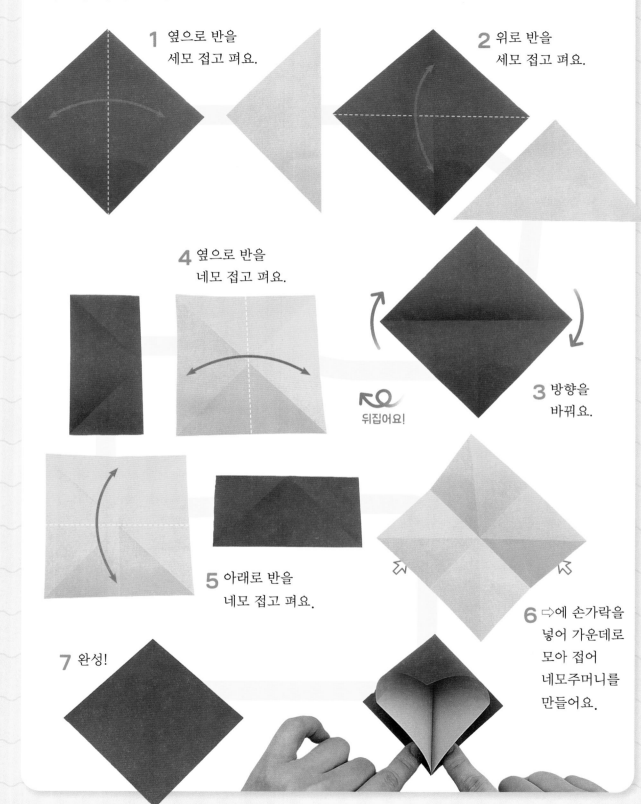

1 옆으로 반을
세모 접고 펴요.

2 위로 반을
세모 접고 펴요.

4 옆으로 반을
네모 접고 펴요.

뒤집어요!

3 방향을
바꿔요.

5 아래로 반을
네모 접고 펴요.

6 ⇨에 손가락을
넣어 가운데로
모아 접어
네모주머니를
만들어요.

7 완성!

PART 1

부릉부릉 세상을 누비는
미니카

미니카를 접기 전에 연습해 보아요!

미니카 기본 접기 ①

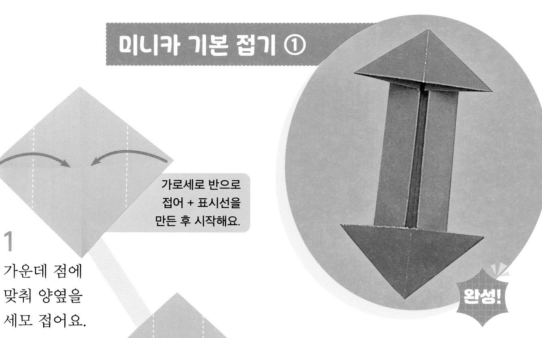

완성!

가로세로 반으로
접어 + 표시선을
만든 후 시작해요.

1
가운데 점에
맞춰 양옆을
세모 접어요.

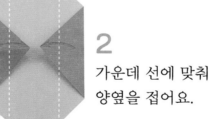

2
가운데 선에 맞춰
양옆을 접어요.

3
위와 아래를
세모 접어요.

4
점선대로 접고
펴서 X 표시선을
만들어요.

10

가운데 선에
맞춰 접어요.

9

위아래 세모를
한쪽으로 넘겨요.

8

아래쪽도 4~7과
똑같이 접어요.

11

반대편도 9~10과
똑같이 접어요.

7

가운데를
누르며 펼쳐
접어요.

12

위아래 세모를
원래 모양으로 펴 줘요.

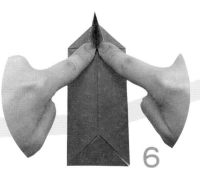

5

선을 따라
모아 접어요.

6

양쪽으로 한 번씩
접었다가 다시
되돌아와요.

완성!

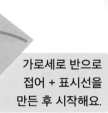

가로세로 반으로
접어 + 표시선을
만든 후 시작해요.

1

가운데 점에
맞춰 양옆을
세모 접어요.

2

가운데 선에 맞춰
양옆을 접어요.

3

위와 아래를
세모 접어요.

4

점선대로 접고 펴서
X 표시선을 만들어요.

8

아래쪽도 4~7과
똑같이 접어요.

뒤집어요!
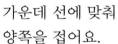

9

가운데 선에 맞춰
양쪽을 접어요.

7

가운데를
누르며
펼쳐 접어요.

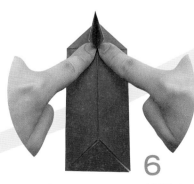

6

양쪽으로 한 번씩
접었다가 다시
되돌아와요.

5

선을 따라
모아 접어요.

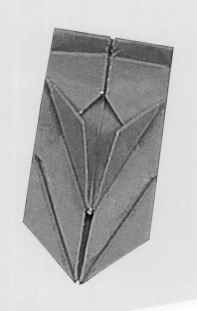

종이쌤
종이접기
교실

기본 미니카 1

가로세로 반으로 접어
+ 표시선을 만든 후 시작해요.

1 가운데 점에 맞춰
양옆을 접어요.

2 가운데 선에 맞춰
양옆을 접어요.

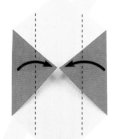

5 선을 따라
모아 접어요.

3 위와 아래를
세모 접어요.

4 위와 아래에 모두
X 표시선을
만들고 펴요.

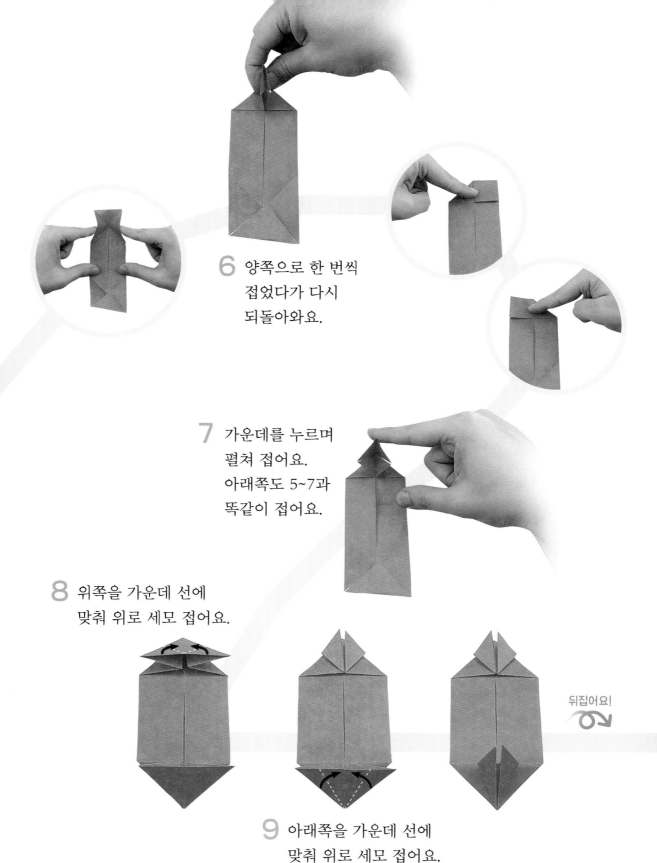

6 양쪽으로 한 번씩
  접었다가 다시
  되돌아와요.

7 가운데를 누르며
  펼쳐 접어요.
  아래쪽도 5~7과
  똑같이 접어요.

8 위쪽을 가운데 선에
  맞춰 위로 세모 접어요.

뒤집어요!

9 아래쪽을 가운데 선에
  맞춰 위로 세모 접어요.

25

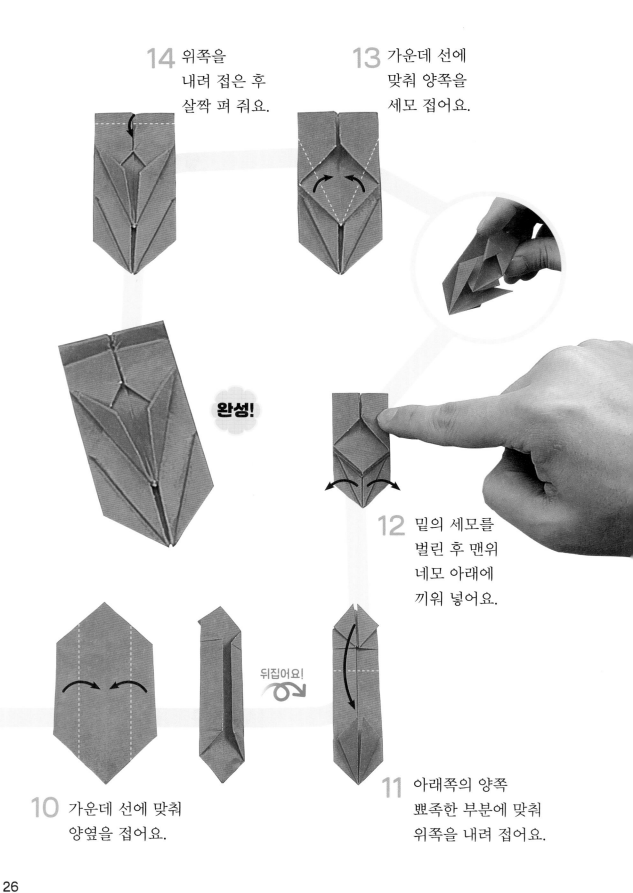

14 위쪽을
내려 접은 후
살짝 펴 줘요.

13 가운데 선에
맞춰 양쪽을
세모 접어요.

완성!

12 밑의 세모를
벌린 후 맨위
네모 아래에
끼워 넣어요.

뒤집어요!

11 아래쪽의 양쪽
뾰족한 부분에 맞춰
위쪽을 내려 접어요.

10 가운데 선에 맞춰
양옆을 접어요.

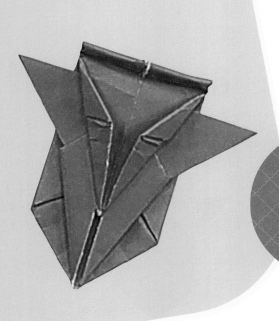

기본 미니카 2

1

가운데 선에
맞춰 양쪽을
세모 접어요.

20~21쪽을 참고하여
12번까지 접고 시작해요.

2

★과 ★, ☆과 ☆이
만나도록 올려 접어요.

뒤집어요!

3

세모의 뾰족한
부분에 닿도록
올려 접어요.

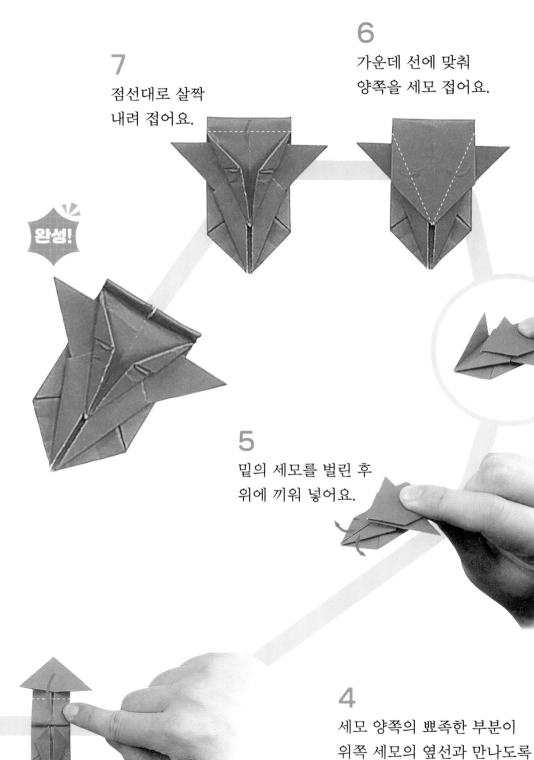

7
점선대로 살짝
내려 접어요.

6
가운데 선에 맞춰
양쪽을 세모 접어요.

완성!

5
밑의 세모를 벌린 후
위에 끼워 넣어요.

4
세모 양쪽의 뾰족한 부분이
위쪽 세모의 옆선과 만나도록
아래로 계단 접어요.

종이쌤
종이접기
교실

가장 쉬운 미니카

20~21쪽을 참고하여
8번까지 접고 시작해요.

1 위쪽을 가운데 선에
맞춰 아래로
세모 접어요.

뒤집어요!

2 가운데 선에 맞춰
양쪽을 접어요.

뒤집어요!

3 가운데 선에 맞춰
양쪽을 세모 접어요.

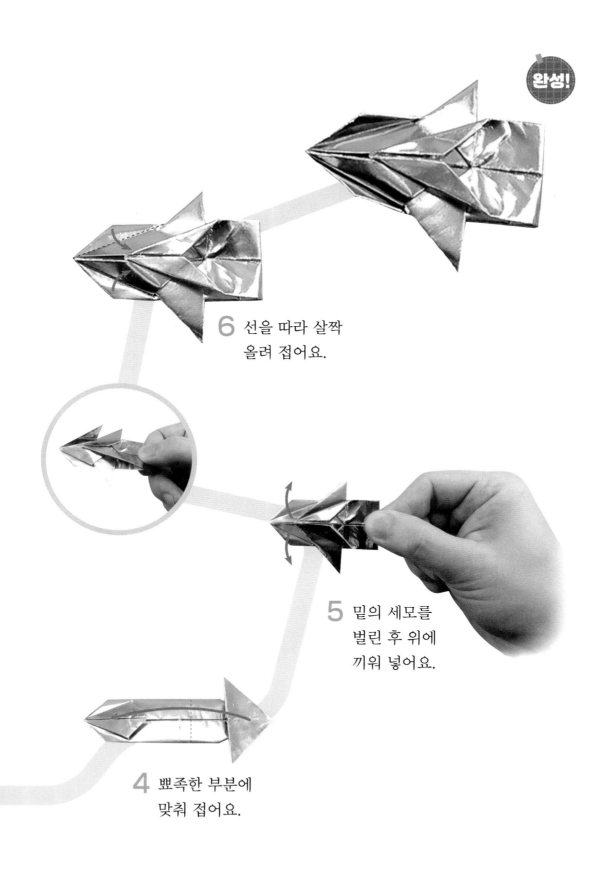

6 선을 따라 살짝
올려 접어요.

5 밑의 세모를
벌린 후 위에
끼워 넣어요.

4 뾰족한 부분에
맞춰 접어요.

종이쌤
종이접기
교실

탱크
미니카

24~25쪽을 참고하여
7번까지 접고 시작해요.

1

왼쪽 세모를 펴요.

2

선을 따라 모아 접어요.

3

위아래로 한 번씩
접었다가 다시
되돌아와요.

8

가운데 선에
맞춰 올려 접어요.

9

바깥 선에 맞춰
계단접기 해요.

7

한 번 더 양쪽을
세모 접어요.

6

왼쪽도 가운데 선에
맞춰 세모 접어요.

4

가운데를 누르며
펼쳐 접어요.

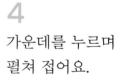

5

오른쪽을 가운데 선에
맞춰 세모 접어요.

10
반대쪽도 8~9와
똑같이 접어요.

뒤집어요!

11
가운데 선에 맞춰
뒷부분을 빼서 접어요.

12
★과 ★, ☆과 ☆이
만나도록 접어요.

13
세모를 벌려
아래쪽에
끼워 넣어요.

완성!

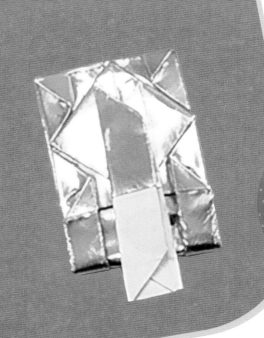

종이쌤
종이접기
교실

가장 쉬운 탱크 미니카

1

점선대로
양쪽을 올려 접어요.

31~32쪽을 참고하여
4번까지 접고 시작해요.

2

가운데 선에
맞춰 올려 접어요.

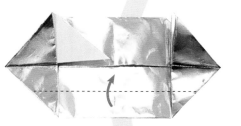

3

바깥 선에
맞춰 계단 접어요.

4

반대쪽도 2~3과
똑같이 접어요.

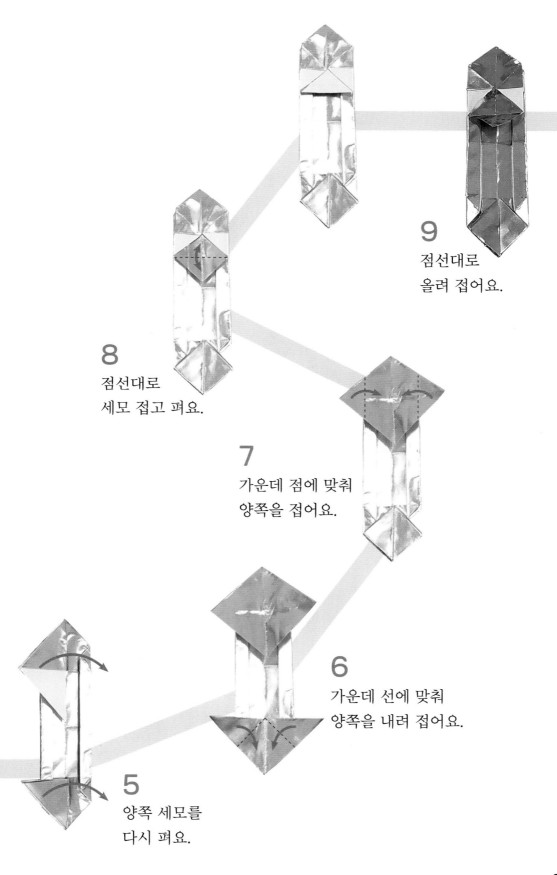

9

점선대로
올려 접어요.

8

점선대로
세모 접고 펴요.

7

가운데 점에 맞춰
양쪽을 접어요.

6

가운데 선에 맞춰
양쪽을 내려 접어요.

5

양쪽 세모를
다시 펴요.

11
아래쪽 선을 따라
뒤쪽으로 접어요.

10
양쪽을 점선대로
겹쳐 접어요.

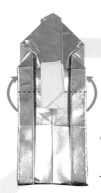

12
표시선을 따라
아래쪽을 뒤로 접어요.

13
세모를 벌려
아래쪽에 끼워 넣어요.

완성!

종이쌤
종이접기
교실

가장 쉬운 탱크 합체 미니카

◆ 색종이 두 장을 준비해요!

24~26쪽을 참고하여
기본 미니카 1을
똑같이 만들어요.

20~21쪽을 참고하여
8번까지 접고 시작해요.

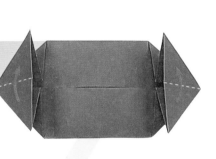

1

양쪽 세모를
위로 올려요.

2

가운데 선에
맞춰 올려 접어요.

3

바깥쪽 선에
맞춰 내려 접고
세모를 원위치 시켜요.

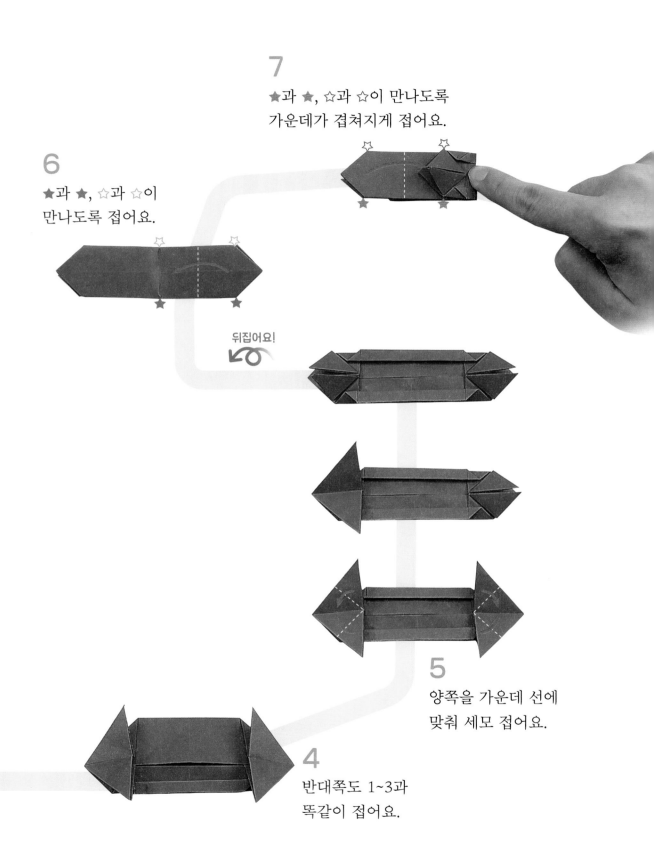

7

★과 ★, ☆과 ☆이 만나도록
가운데가 겹쳐지게 접어요.

6

★과 ★, ☆과 ☆이
만나도록 접어요.

뒤집어요!

5

양쪽을 가운데 선에
맞춰 세모 접어요.

4

반대쪽도 1~3과
똑같이 접어요.

8

밑의 세모를 벌린 후
위에 끼워 넣어요.

9

가운데 선에
맞춰 양쪽을
세모 접어요.

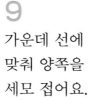

탱크 완성!

완성!

10

미니카의 아래쪽을
벌려 탱크 윗부분을
끼워 넣어요.

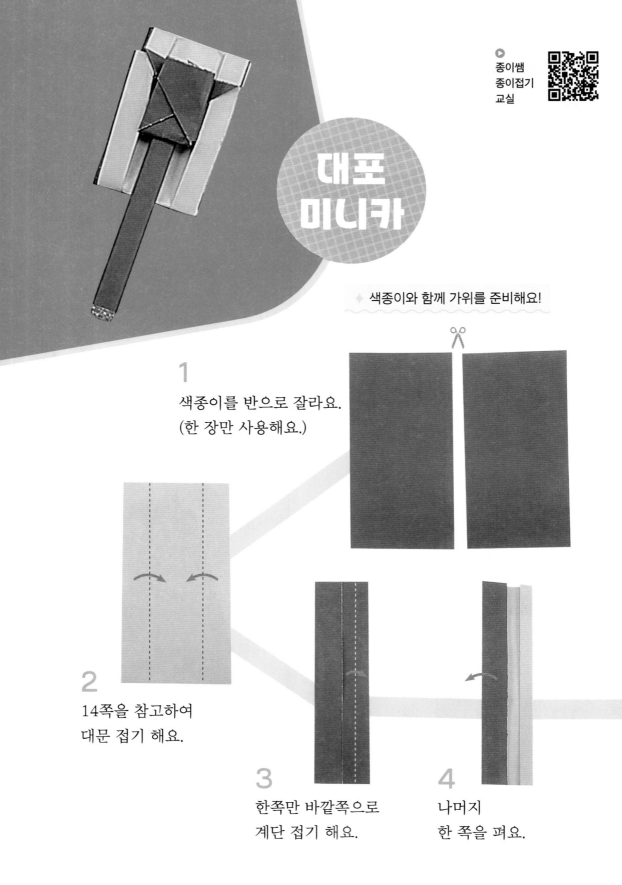

대포
미니카

✦ 색종이와 함께 가위를 준비해요!

1

색종이를 반으로 잘라요.
(한 장만 사용해요.)

2

14쪽을 참고하여
대문 접기 해요.

3

한쪽만 바깥쪽으로
계단 접기 해요.

4

나머지
한 쪽을 펴요.

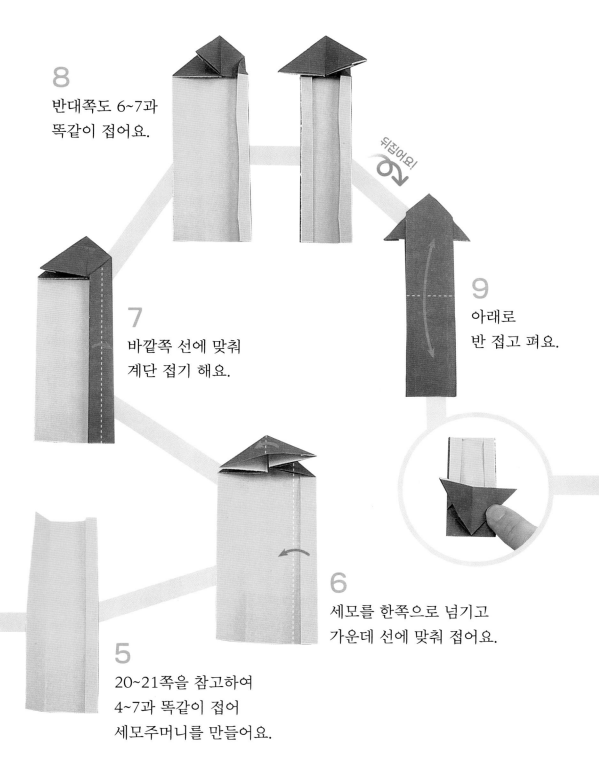

8
반대쪽도 6~7과
똑같이 접어요.

뒤집어요!

9
아래로
반 접고 펴요.

7
바깥쪽 선에 맞춰
계단 접기 해요.

6
세모를 한쪽으로 넘기고
가운데 선에 맞춰 접어요.

5
20~21쪽을 참고하여
4~7과 똑같이 접어
세모주머니를 만들어요.

14

접은 세모를 아래로
넣어 접어요.

15

표시선을 따라
양쪽을 세모 접어요.

13

가운데 세모를
점선대로
올려 접어요.

11

색이 바뀌는
부분까지
올려 접어요.

10

★과 ★, ☆과 ☆이
만나도록
내려 접어요.

12

올려 접은 부분을
양쪽 모두 세모 아래로
넣으면서 합체시켜요.

16

튀어나온 부분을
아래로 넣어 접어
고정시켜요.

몸체 완성!

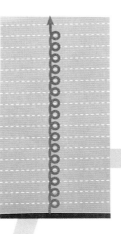

18

접은 부분 그대로
위로 반복해서
말아 올려 접어요.

17

남은 색종이 반쪽을
가져와 밑을 조금
올려 접어요.

19

몸체의 가운데 부분에
대포를 끼워 넣어요.

완성!

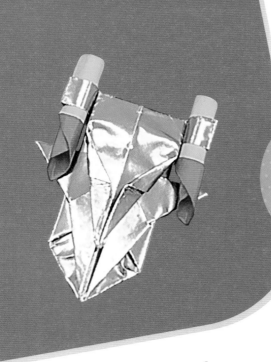

종이쌤
종이접기
교실

미사일 미니카

◆ 색종이 두 장과 가위를 준비해요!

1

가운데 선에 맞춰
세모 접어요.

20~21쪽을 참고하여
미니카 기본 접기 ①을
완성하고 시작해요.

2

양쪽 뾰족한 곳에
맞춰 올려 접어요.

4

다시
아래로 펴요.

3

가운데 선에 맞춰
양쪽을 세모 접어요.

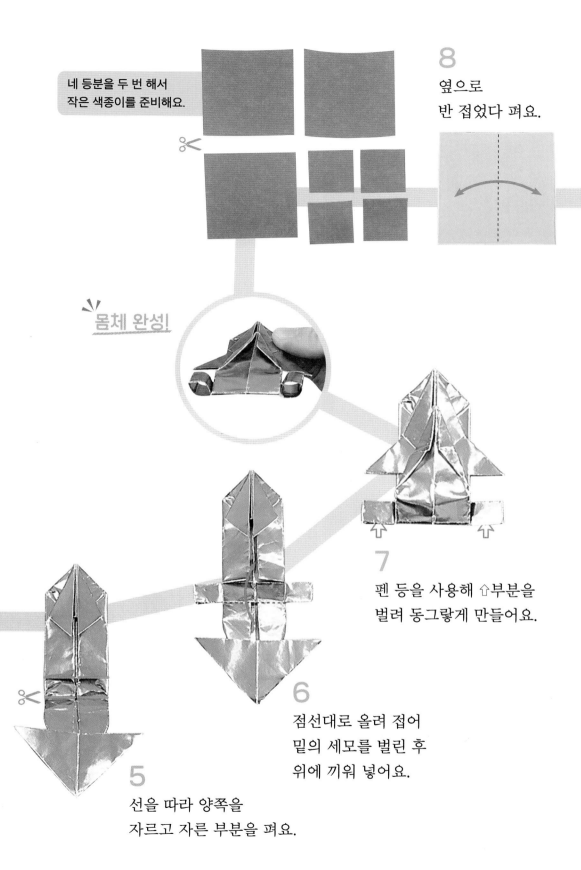

네 등분을 두 번 해서
작은 색종이를 준비해요.

8
옆으로
반 접었다 펴요.

몸체 완성!

7
펜 등을 사용해 ⇧부분을
벌려 동그랗게 만들어요.

6
점선대로 올려 접어
밑의 세모를 벌린 후
위에 끼워 넣어요.

5
선을 따라 양쪽을
자르고 자른 부분을 펴요.

9

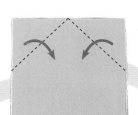

가운데 선에 맞춰
양쪽을 세모 접어요.

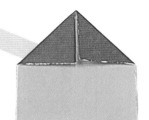

뒤집어요!

10

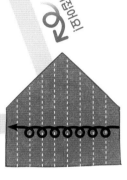

끝부분부터
말아 접어요.

미사일 완성!

11

8~10과 똑같이 접어 미사일을
하나 더 만들어 준비해요.

미니카 뒤의
동그란 부분에
끼워 넣어요.

완성!

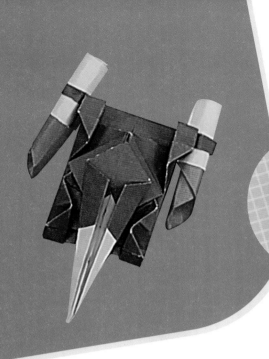

미사일
탱크 미니카

✦ 색종이 두 장과 가위를 준비해요!

31~33쪽을 참고하여
탱크 미니카를 접고 시작해요.

1

탱크 미니카를
펼쳐요.

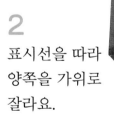

2

표시선을 따라
양쪽을 가위로
잘라요.

뒤집어요!

3

펼쳤던 부분을
원래대로 접어요.

완성!

7

미사일 두 개를
미니카 양쪽 동그란
부분에 각각 끼워 넣어요.

6

45~46쪽을 참고하여
미사일 두 개를
만들어요.

5

양쪽 자른 부분을
벌려 동그랗게
만들어요.

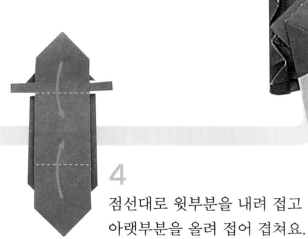

4

점선대로 윗부분을 내려 접고
아랫부분을 올려 접어 겹쳐요.

48

뱀파이어 미니카

◆ 색종이 두 장을 준비해요!

20~21쪽을 참고하여
8번까지 접고 시작해요.

1

가운데 선에 맞춰
올려 접은 다음
아랫부분을 전부 펴요.

뒤집어요!

2

네모 선을 따라
안으로 오므리며
접어요.

뒤집어요!

3

가운데 선에
맞춰 양쪽을
접어요.

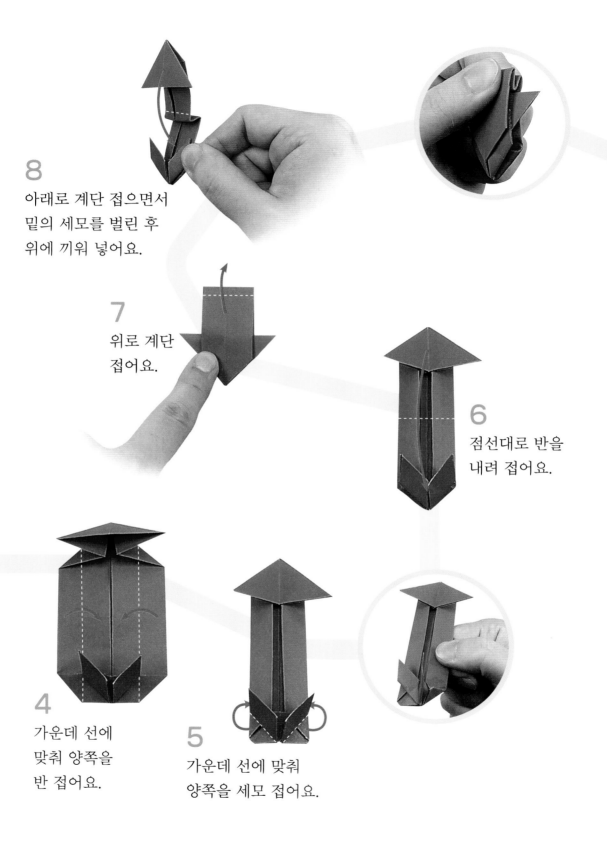

8
아래로 계단 접으면서
밑의 세모를 벌린 후
위에 끼워 넣어요.

7
위로 계단
접어요.

6
점선대로 반을
내려 접어요.

4
가운데 선에
맞춰 양쪽을
반 접어요.

5
가운데 선에 맞춰
양쪽을 세모 접어요.

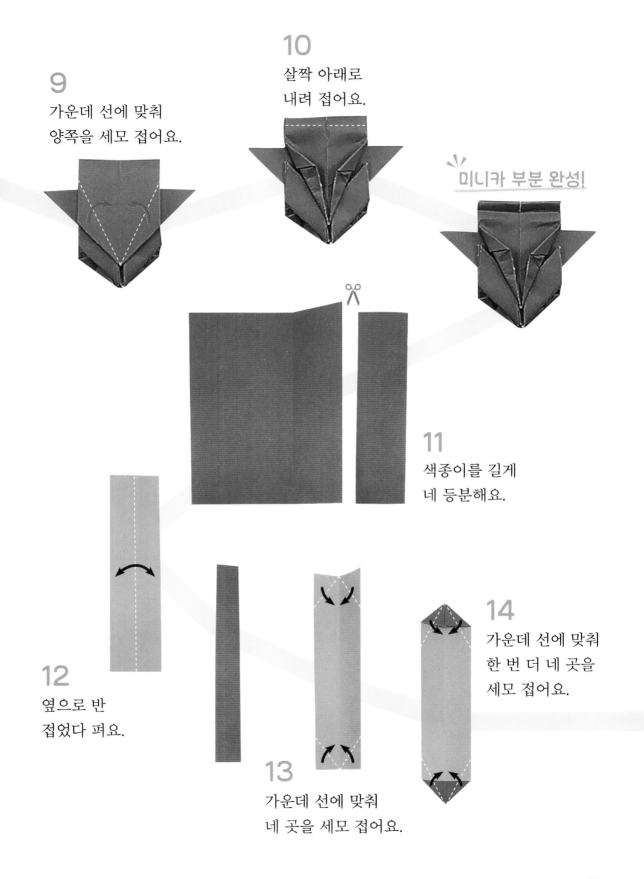

9
가운데 선에 맞춰
양쪽을 세모 접어요.

10
살짝 아래로
내려 접어요.

미니카 부분 완성!

11
색종이를 길게
네 등분해요.

12
옆으로 반
접었다 펴요.

13
가운데 선에 맞춰
네 곳을 세모 접어요.

14
가운데 선에 맞춰
한 번 더 네 곳을
세모 접어요.

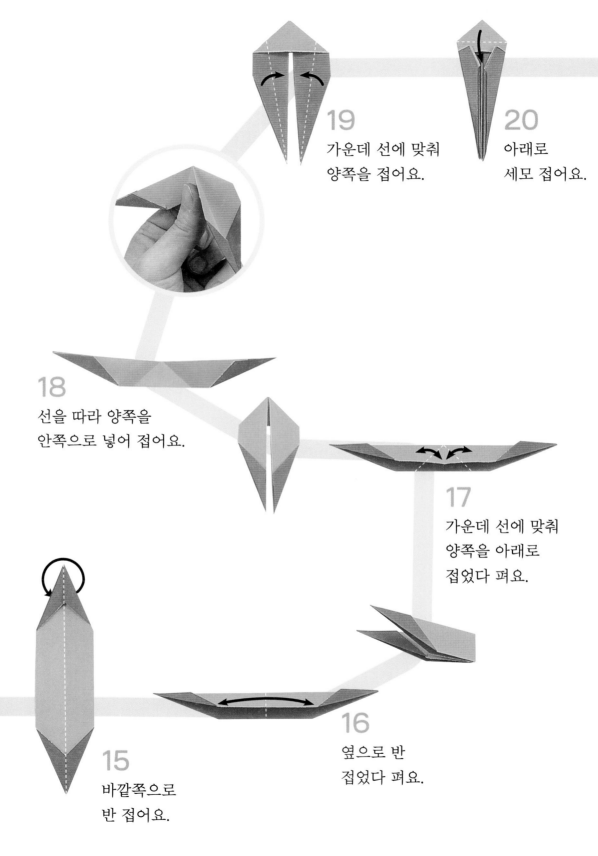

19 가운데 선에 맞춰 양쪽을 접어요.

20 아래로 세모 접어요.

18 선을 따라 양쪽을 안쪽으로 넣어 접어요.

17 가운데 선에 맞춰 양쪽을 아래로 접었다 펴요.

16 옆으로 반 접었다 펴요.

15 바깥쪽으로 반 접어요.

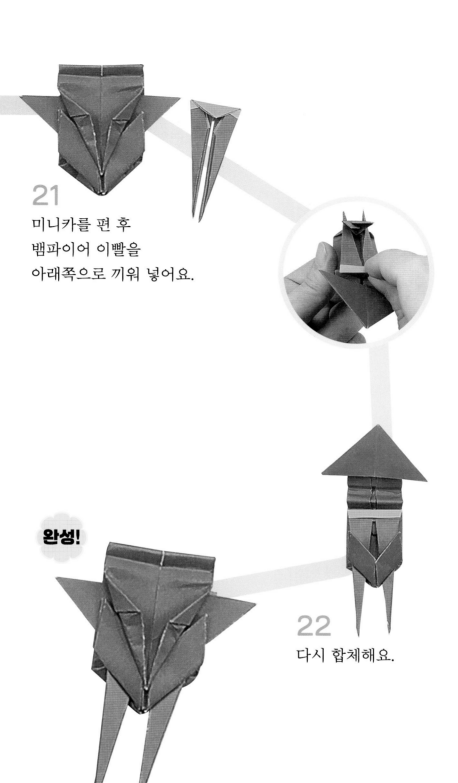

21

미니카를 편 후
뱀파이어 이빨을
아래쪽으로 끼워 넣어요.

완성!

22

다시 합체해요.

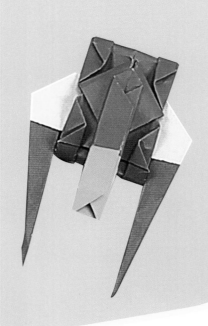

종이쌤
종이접기
교실

뱀파이어
탱크 미니카

31~33쪽을 보고 탱크 미니카를,
51~52쪽을 보고 뱀파이어 이빨을
11~16과 똑같이 접고 시작해요.

1

탱크 미니카를 뒤집어서 몸통과
뱀파이어 이빨의 가운데 선을 맞춰요.

2

탱크 미니카의 몸체 선에 맞춰
뱀파이어 이빨을 아래로 접어요.

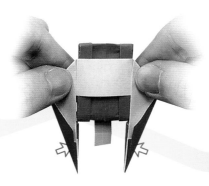

3

⇨에 손가락을 넣어 벌리며
양쪽을 넣어 접기 해요.

7

다시 탱크를
합체해요.

완성!

6

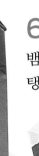

뱀파이어 이빨을
탱크에 맞춰 넣어요.

5

탱크를 펼쳐요

4

양쪽을
세모 접어요.

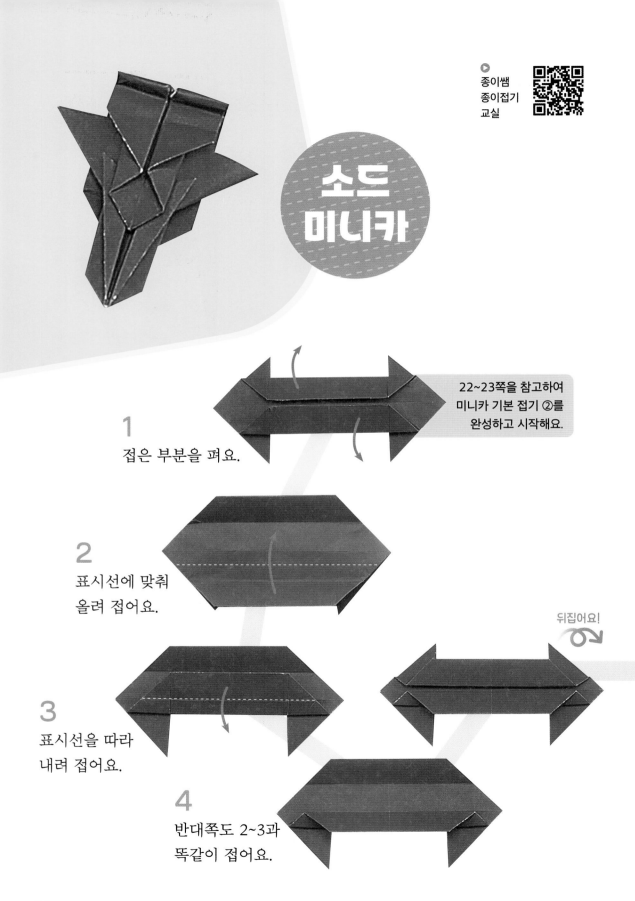

종이쌤
종이접기
교실

소드
미니카

1

접은 부분을 펴요.

22~23쪽을 참고하여
미니카 기본 접기 ②를
완성하고 시작해요.

2

표시선에 맞춰
올려 접어요.

뒤집어요!

3

표시선을 따라
내려 접어요.

4

반대쪽도 2~3과
똑같이 접어요.

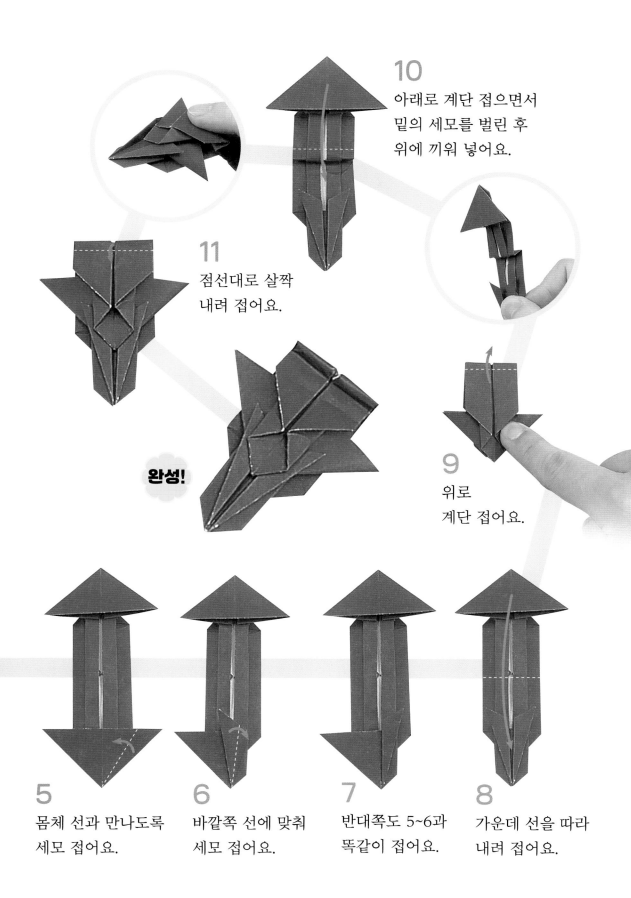

10
아래로 계단 접으면서
밑의 세모를 벌린 후
위에 끼워 넣어요.

11
점선대로 살짝
내려 접어요.

9
위로
계단 접어요.

완성!

5
몸체 선과 만나도록
세모 접어요.

6
바깥쪽 선에 맞춰
세모 접어요.

7
반대쪽도 5~6과
똑같이 접어요.

8
가운데 선을 따라
내려 접어요.

종이쌤
종이접기
교실

뱀파이어
소드 미니카

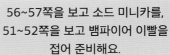

56~57쪽을 보고 소드 미니카를,
51~52쪽을 보고 뱀파이어 이빨을
접어 준비해요.

1

미니카를 편 후
뱀파이어 이빨을
아래쪽으로 끼워 넣어요.

완성!

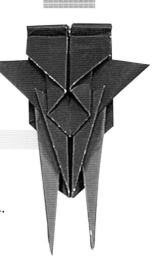

2

다시 합체해요.

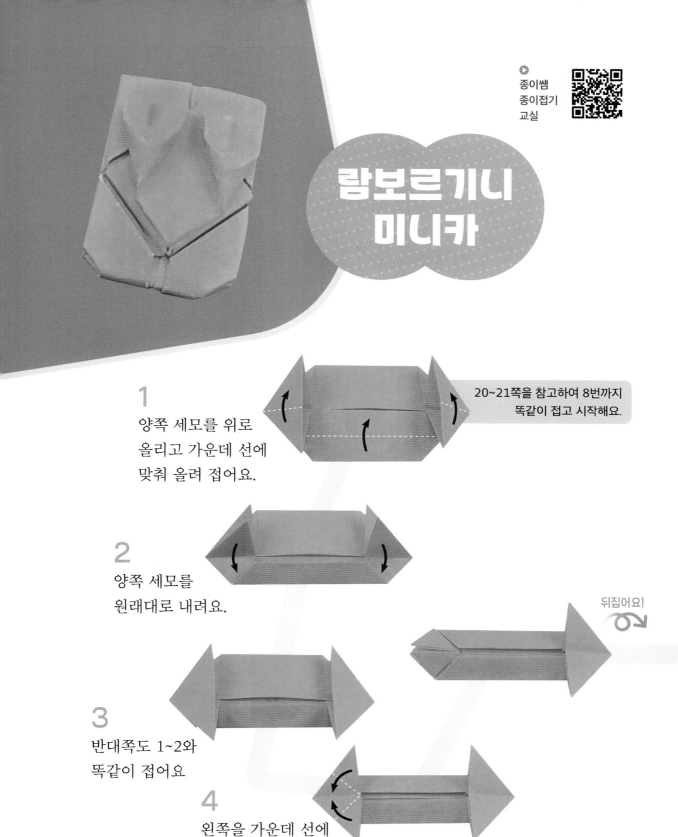

종이쌤
종이접기
교실

람보르기니 미니카

20~21쪽을 참고하여 8번까지
똑같이 접고 시작해요.

1

양쪽 세모를 위로
올리고 가운데 선에
맞춰 올려 접어요.

2

양쪽 세모를
원래대로 내려요.

뒤집어요!

3

반대쪽도 1~2와
똑같이 접어요

4

왼쪽을 가운데 선에
맞춰 세모 접어요.

59

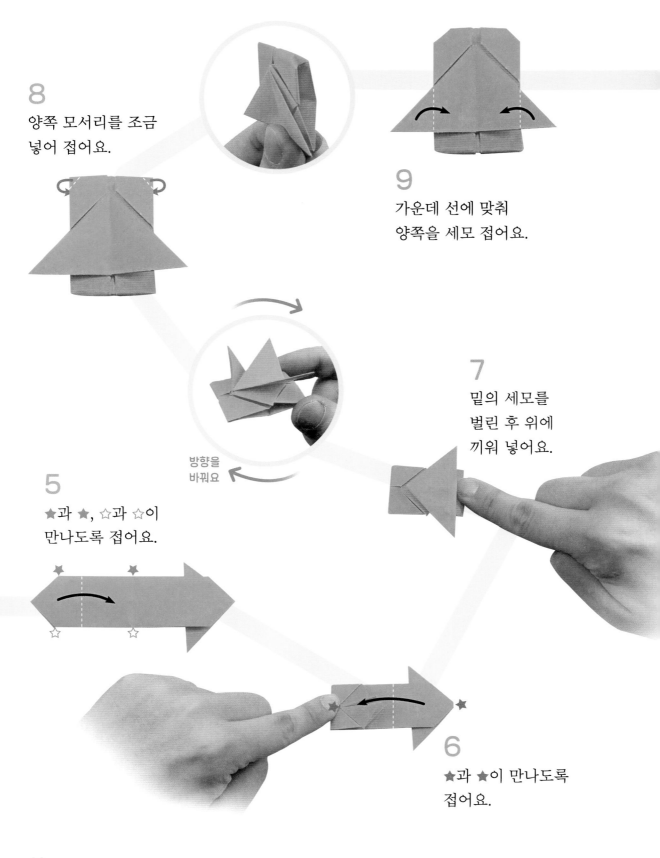

8

양쪽 모서리를 조금
넣어 접어요.

9

가운데 선에 맞춰
양쪽을 세모 접어요.

7

밑의 세모를
벌린 후 위에
끼워 넣어요.

방향을
바꿔요

5

★과 ★, ☆과 ☆이
만나도록 접어요.

6

★과 ★이 만나도록
접어요.

10

⇧에 손가락을 넣어 벌려
선을 따라 양쪽을 넣어 접어요.

11

가운데 선에 맞춰
양쪽을 접어요.

12

⇧에 손가락을 넣어
벌리면서 위쪽을 눌러 접어요.
반대쪽도 똑같이 해요.

완성!

방향을
바꿔요

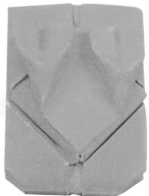

종이쌤
종이접기
교실

페라리 미니카

59~60쪽을 참고하여 5번까지 똑같이 접고 시작해요.

1 가운데 선을 따라 접어 세모를 한 겹 넘겨요.

2 모서리를 눌러 위로 펼쳐 접고 세모를 원래대로 넘겨요. 반대쪽도 똑같이 해요.

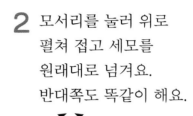

3 ★과 ★이 만나도록 올려 접어요

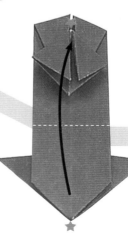

7 세모 접은 선을 따라
양쪽을 넣어 접어요.

6 가운데 선에 맞춰
양쪽을 세모 접어요.

5 밑의 세모를 벌린 후
위에 끼워 넣어요.

4 세모를 한쪽으로 넘기고 모서리를 눌러
가운데 선에 맞춰 펼쳐 접은 다음
세모를 원래대로 넘겨요. 반대쪽도 똑같이 해요.

8 가운데 선에 맞춰
양쪽을 접어요.

9 ↑에 손가락을 넣어
벌리면서 위쪽을
눌러 접어요.
반대쪽도 똑같이 해요.

방향을
바꿔요

10 ➡에 손가락을 넣어
몸체를 살짝 벌리고
위아래, 양옆 모두 입체감이
살도록 모양을 잡아 줘요.

완성!

종이쌤
종이접기
교실

포르쉐 미니카

1

세모가 위로
뾰족 튀어나오게
양쪽을 접어요.

20~21쪽을 참고하여 7번까지
똑같이 접고 시작해요.

뒤집어요!

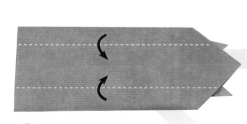

2

가운데 선에 맞춰
위아래를 접어요.

뒤집어요!

3

표시선에 맞춰 점선대로 접어요.

4

오른쪽 끝까지 접고 펴요.

9

연결 부위가 딱 맞도록
안쪽으로 조여 줘요.

8

모서리를 조금
안쪽으로 넣어 접어요.

방향을
바꿔요

7

오른쪽에
끼워 넣어요.

완성!

6

가운데 선에
맞춰 접어요.

5

접은 선의 끝에서 시작해서
가운데 선에 닿도록 비스듬히 접어요.

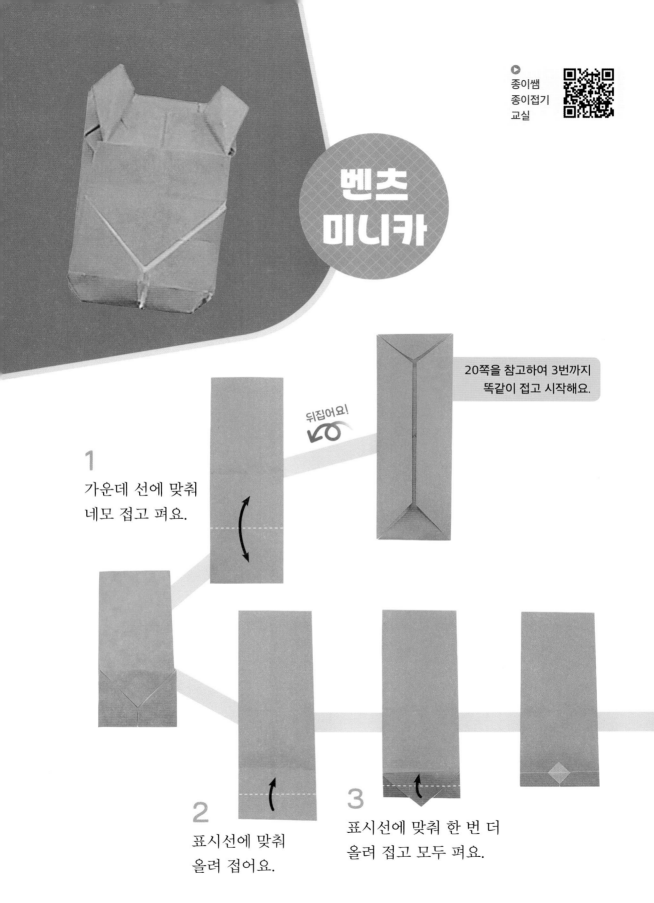

벤츠 미니카

20쪽을 참고하여 3번까지
똑같이 접고 시작해요.

뒤집어요!

1

가운데 선에 맞춰
네모 접고 펴요.

2

표시선에 맞춰
올려 접어요.

3

표시선에 맞춰 한 번 더
올려 접고 모두 펴요.

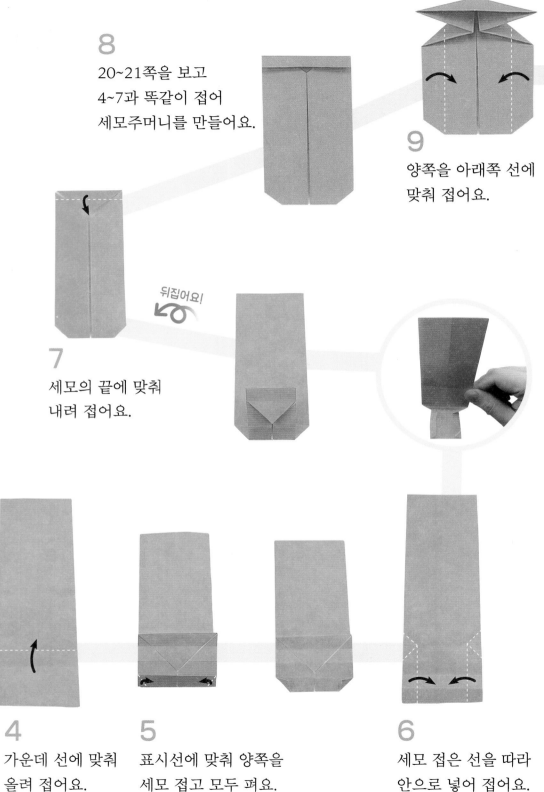

8

20~21쪽을 보고
4~7과 똑같이 접어
세모주머니를 만들어요.

9

양쪽을 아래쪽 선에
맞춰 접어요.

뒤집어요!

7

세모의 끝에 맞춰
내려 접어요.

4

가운데 선에 맞춰
올려 접어요.

5

표시선에 맞춰 양쪽을
세모 접고 모두 펴요.

6

세모 접은 선을 따라
안으로 넣어 접어요.

뒤집어요!

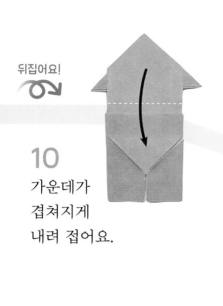

10

가운데가
겹쳐지게
내려 접어요.

11

양쪽 모서리를
조금 넣어 접어요.

12

가운데 선에 맞춰
양쪽을 세모 접어요.

13

⇩에 손가락을
넣어 벌려 양쪽을
펼쳐 접어요.

완성!

15

연결 부위가
딱 맞도록
안쪽으로 조여 줘요.

14

아래쪽 홈을 위쪽
세모에 끼워 넣어요.

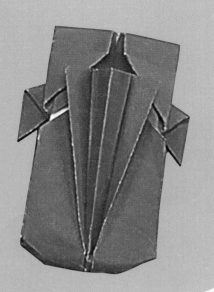

종이쌤
종이접기
교실

롤스로이스 미니카

20~21쪽을 참고하여 7번까지 똑같이 접고 시작해요.

1

세모가 위로
뽀족 튀어나오게
양쪽을 접어요.

뒤집어요!

2

가운데 선에 맞춰
양쪽을 접어요.

3

표시선에 맞춰
올려 접고 펴요.

71

8

몸체 앞부분 양쪽 모서리를
손톱으로 살짝 눌러 넣어 접어요.

완성!

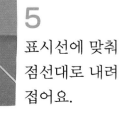

7

⇨에 손가락을 넣어
양쪽을 모아 뾰족하게
만들고 몸체 아래로
한 겹 넣어 합체해요.

6

표시선에 맞춰
올려 접어요.

뒤집어요!

4

표시선에 맞춰 세모의 끝이
몸체에 닿도록 양쪽을 접어요.

5

표시선에 맞춰
점선대로 내려
접어요.

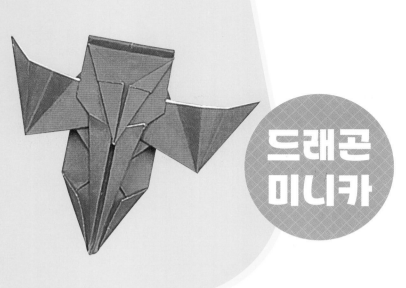

종이쌤
종이접기
교실

드래곤
미니카

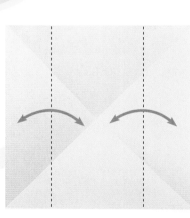

대각선으로 세모 접어
X 표시선을 만든 후 시작해요.

1

가운데 점에 맞춰
양쪽을 접고 펴요.

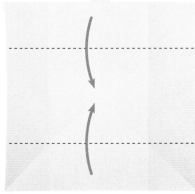

2

가운데 점에 맞춰
위아래를 접어요.

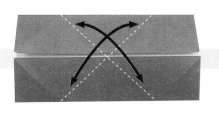

3

표시선에 맞춰 접고 펴서
X 표시선을 만들어요.

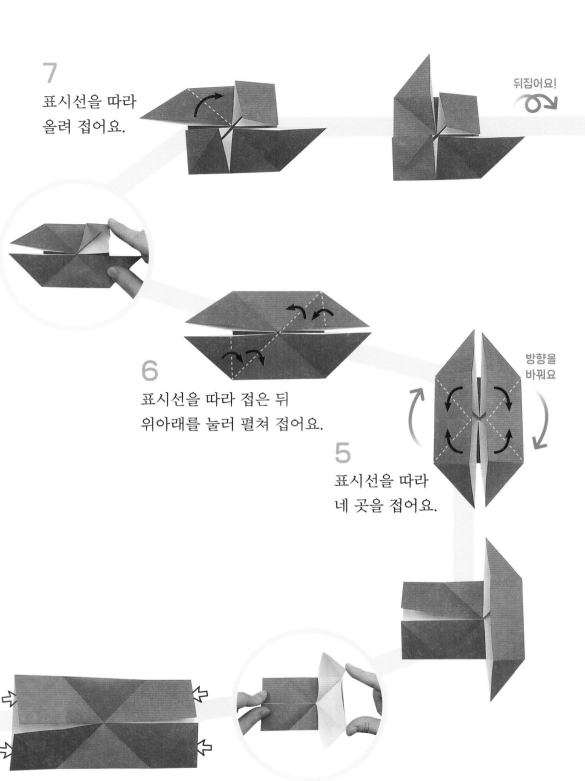

7
표시선을 따라
올려 접어요.

뒤집어요!

6
표시선을 따라 접은 뒤
위아래를 눌러 펼쳐 접어요.

5
표시선을 따라
네 곳을 접어요.

방향을
바꿔요

4
⇨에 손가락을 넣어 벌려 펼쳐
접어요. 반대쪽도 똑같이 해요.

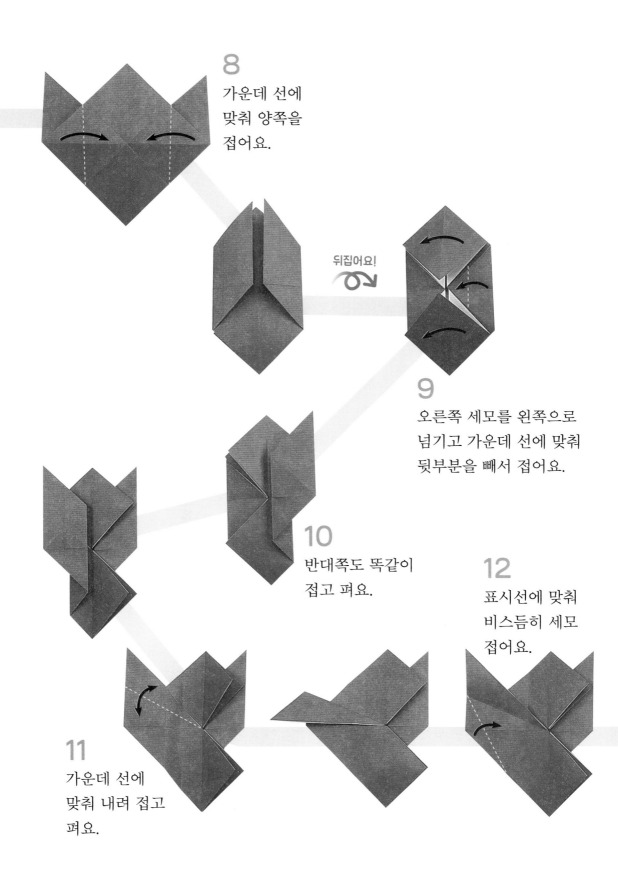

8

가운데 선에
맞춰 양쪽을
접어요.

뒤집어요!

9

오른쪽 세모를 왼쪽으로
넘기고 가운데 선에 맞춰
뒷부분을 빼서 접어요.

10

반대쪽도 똑같이
접고 펴요.

12

표시선에 맞춰
비스듬히 세모
접어요.

11

가운데 선에
맞춰 내려 접고
펴요.

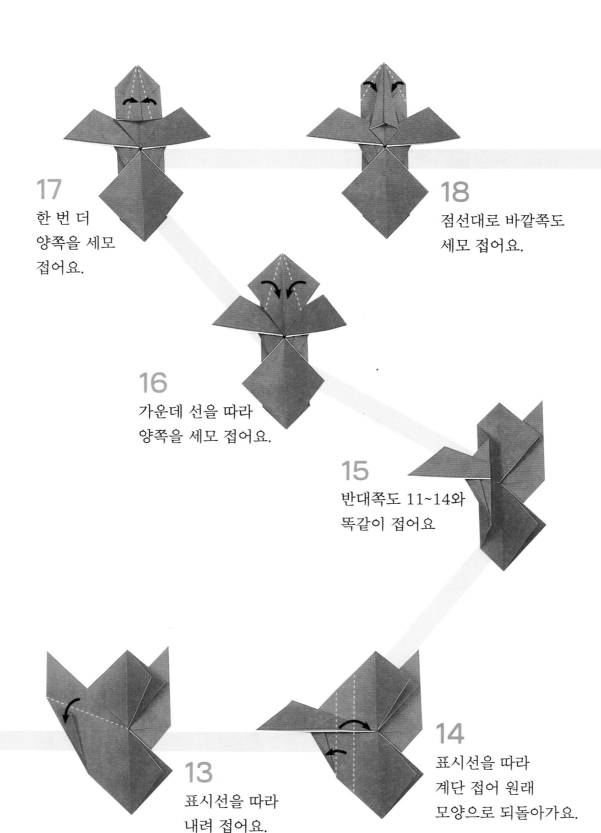

17
한 번 더
양쪽을 세모
접어요.

18
점선대로 바깥쪽도
세모 접어요.

16
가운데 선을 따라
양쪽을 세모 접어요.

15
반대쪽도 11~14와
똑같이 접어요

13
표시선을 따라
내려 접어요.

14
표시선을 따라
계단 접어 원래
모양으로 되돌아가요.

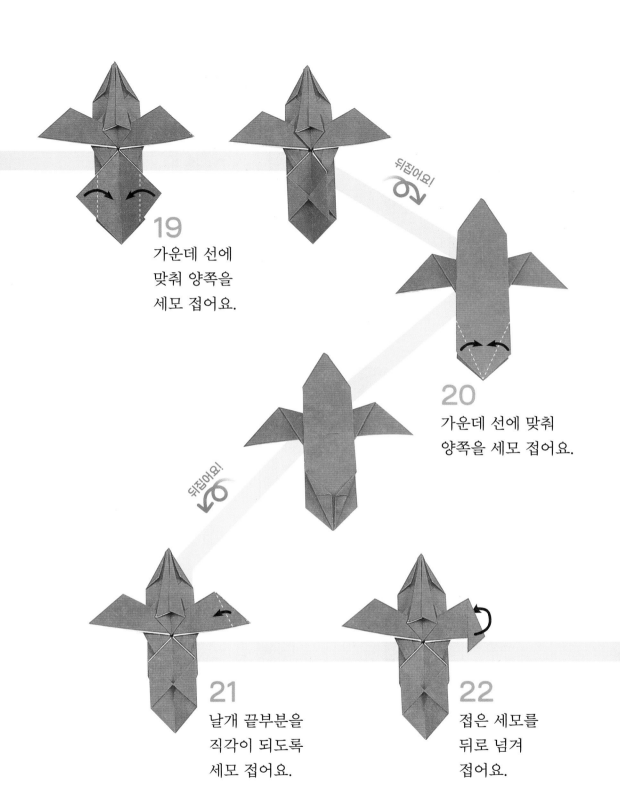

19
가운데 선에
맞춰 양쪽을
세모 접어요.

뒤집어요!

20
가운데 선에 맞춰
양쪽을 세모 접어요.

뒤집어요!

21
날개 끝부분을
직각이 되도록
세모 접어요.

22
접은 세모를
뒤로 넘겨
접어요.

77

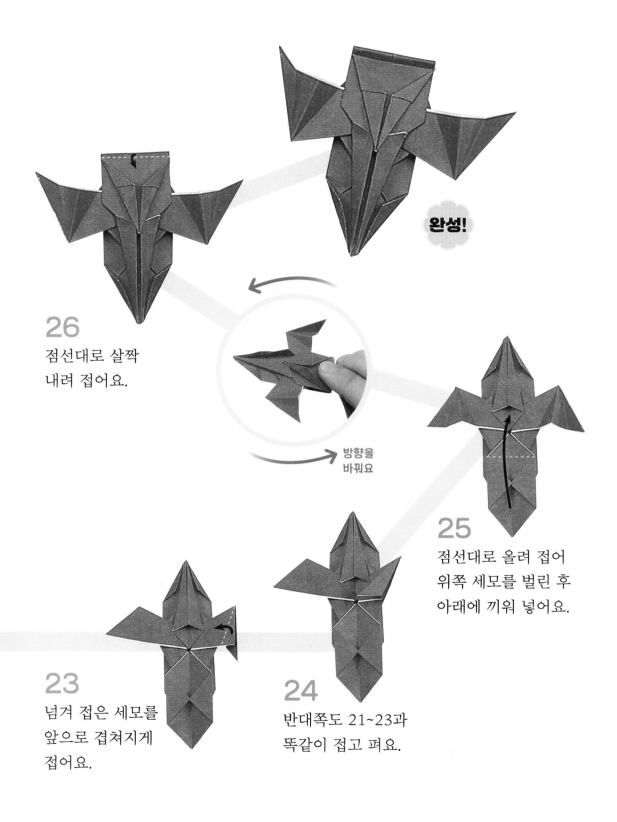

26
점선대로 살짝
내려 접어요.

방향을
바꿔요

완성!

25
점선대로 올려 접어
위쪽 세모를 벌린 후
아래에 끼워 넣어요.

23
넘겨 접은 세모를
앞으로 겹쳐지게
접어요.

24
반대쪽도 21~23과
똑같이 접고 펴요.

종이쌤
종이접기
교실

파이어
미니카

◆ 색종이와 함께 가위를 준비해요!

20~21쪽을 보고 8번까지
똑같이 접고 시작해요.

1

가운데 선에 맞춰
양쪽을 세모 접어요.

방향을
바꿔요

2

위쪽 세모의 뾰족한
부분에 맞춰 올려 접고
밑의 세모를 벌린 후
아래에 끼워 넣어요.

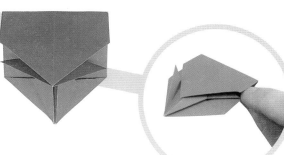

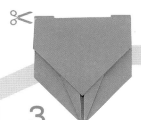

3

양쪽 모두 표시 부분을
1cm 정도 잘라요.

79

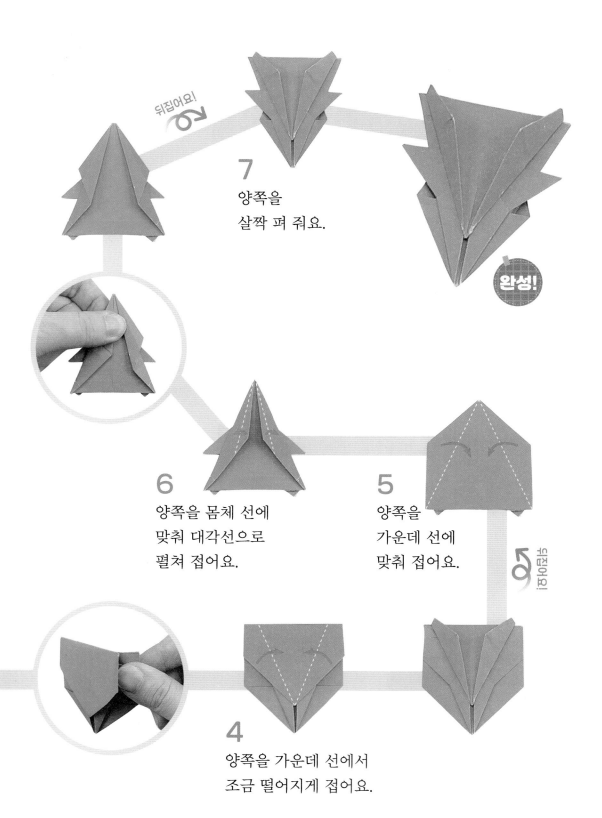

뒤집어요!

7

양쪽을
살짝 펴 줘요.

완성!

6

양쪽을 몸체 선에
맞춰 대각선으로
펼쳐 접어요.

5

양쪽을
가운데 선에
맞춰 접어요.

뒤집어요!

4

양쪽을 가운데 선에서
조금 떨어지게 접어요.

종이쌤
종이접기
교실

배트맨 미니카

◆ 색종이와 함께 가위를 준비해요!

가로세로 반으로 접어
표시선을 만든 후 시작해요.

1

가운데 선에 맞춰
세모 접어요.

2

가운데 선에 맞춰
접고 모두 펴요.

3

표시선을 따라
세모 접어요.

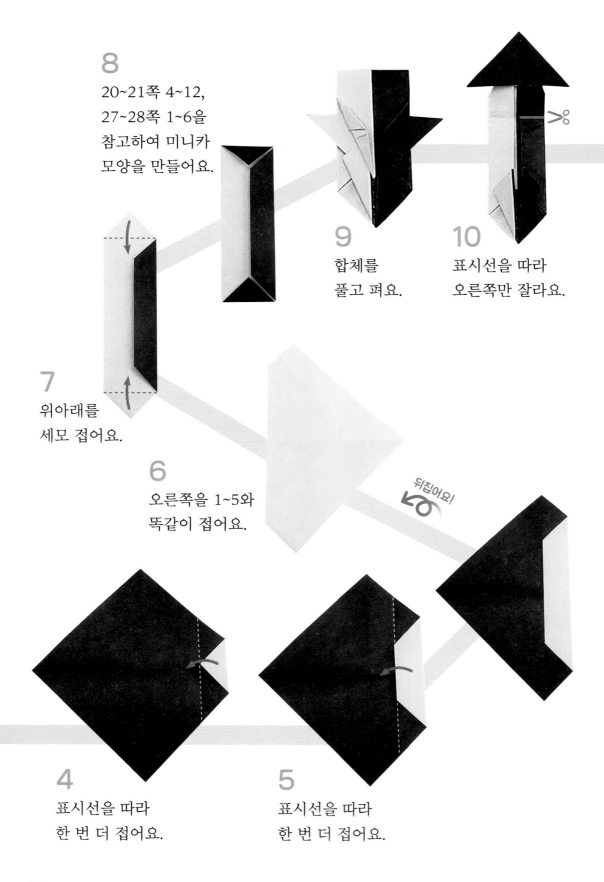

8

20~21쪽 4~12,
27~28쪽 1~6을
참고하여 미니카
모양을 만들어요.

9

합체를
풀고 펴요.

10

표시선을 따라
오른쪽만 잘라요.

7

위아래를
세모 접어요.

6

오른쪽을 1~5와
똑같이 접어요.

뒤집어요!

4

표시선을 따라
한 번 더 접어요.

5

표시선을 따라
한 번 더 접어요.

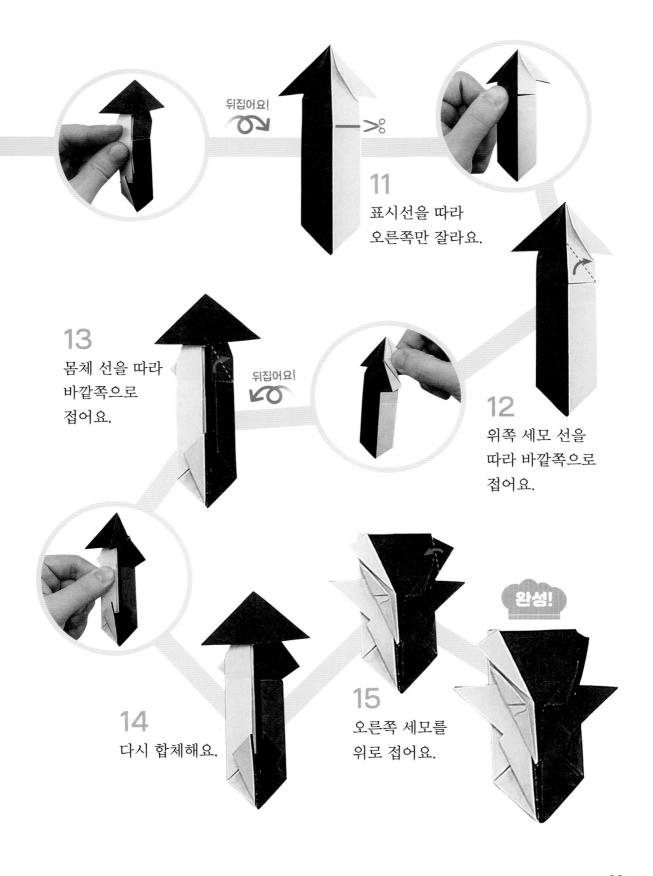

뒤집어요!

11
표시선을 따라
오른쪽만 잘라요.

13
몸체 선을 따라
바깥쪽으로
접어요.

뒤집어요!

12
위쪽 세모 선을
따라 바깥쪽으로
접어요.

14
다시 합체해요.

15
오른쪽 세모를
위로 접어요.

완성!

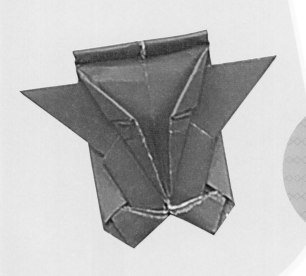

종이쌤
종이접기
교실

다이아몬드 미니카

◆ 색종이와 함께 가위를 준비해요!

27~28쪽을 보고
기본 미니카 2를
접은 후 시작해요.

1

가운데 선을 따라
잘라요.

완성!

2

자른 부분을 양쪽 틈으로
끼워 넣어 접어요.

배틀 미니카

◆ 색종이와 함께 가위를 준비해요!

22~23쪽을 보고 9번까지
똑같이 접고 뒤집은 다음 시작해요.

1

가운데 선에 맞춰
양쪽을 세모 접어요.

2

표시선을 따라
아래로 반 접어요.

4

아래로 계단 접으면서
밑의 세모를 벌린 후
위에 끼워 넣어요.

3

위로 계단 접기 해요.

85

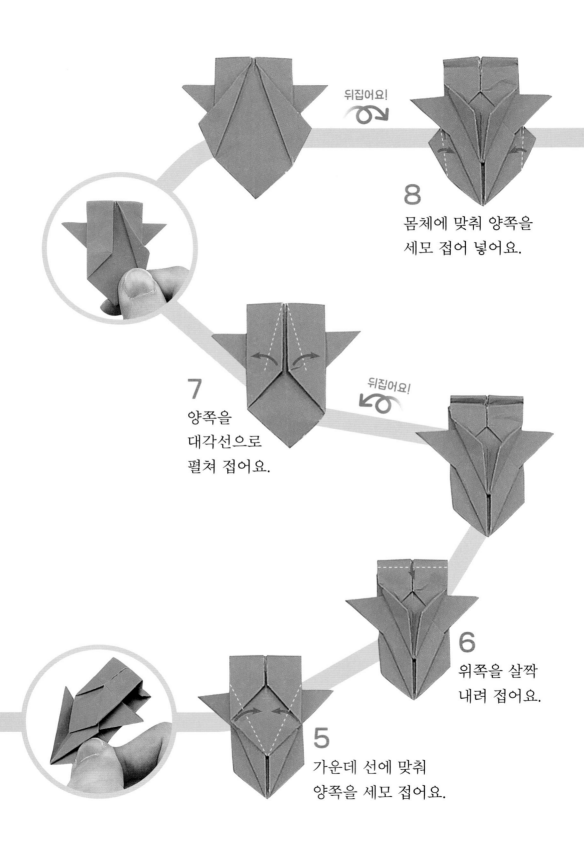

뒤집어요!

8

몸체에 맞춰 양쪽을
세모 접어 넣어요.

7

양쪽을
대각선으로
펼쳐 접어요.

뒤집어요!

6

위쪽을 살짝
내려 접어요.

5

가운데 선에 맞춰
양쪽을 세모 접어요.

9

접어 넣은 선을
따라 표시 부분을
가위로 잘라요.

10

자른 부분을
안쪽으로
넣어 접어요.

완성!

레이싱 미니카

◆ 색종이와 함께 가위를 준비해요!

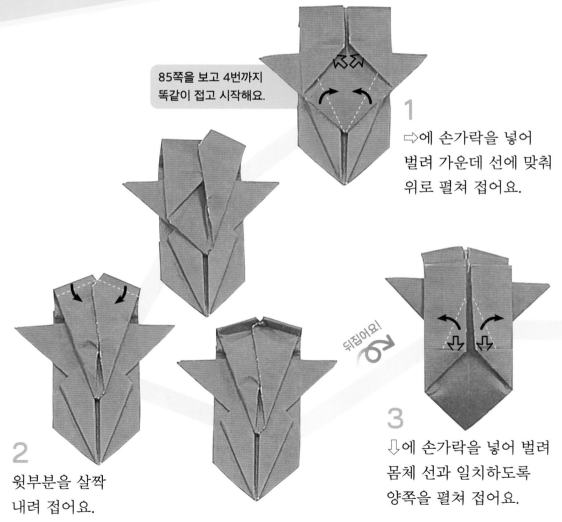

85쪽을 보고 4번까지
똑같이 접고 시작해요.

1

⇨에 손가락을 넣어
벌려 가운데 선에 맞춰
위로 펼쳐 접어요.

뒤집어요!

3

⬇에 손가락을 넣어 벌려
몸체 선과 일치하도록
양쪽을 펼쳐 접어요.

2

윗부분을 살짝
내려 접어요.

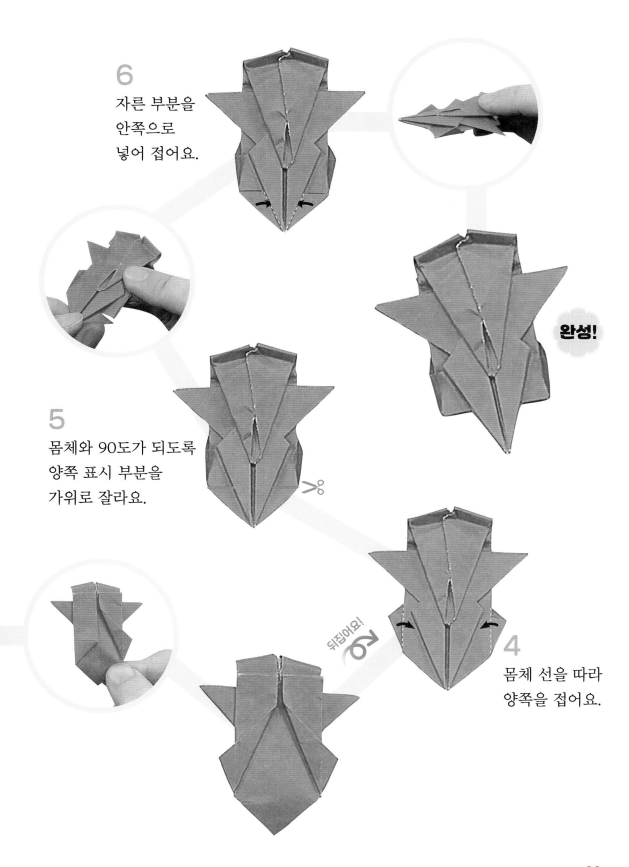

6

자른 부분을
안쪽으로
넣어 접어요.

완성!

5

몸체와 90도가 되도록
양쪽 표시 부분을
가위로 잘라요.

뒤집어요!

4

몸체 선을 따라
양쪽을 접어요.

애로우 미니카

◆ 색종이와 함께 가위를 준비해요!

88쪽을 보고 3번까지 똑같이
접고 뒤집은 다음 시작해요.

1 양쪽 모두
표시 부분을
가위로 잘라요.

2 양쪽 모두
표시 부분을
가위로 잘라요.

3 몸체 선을 따라
양쪽을 안쪽으로
접어 넣어요.

완성!

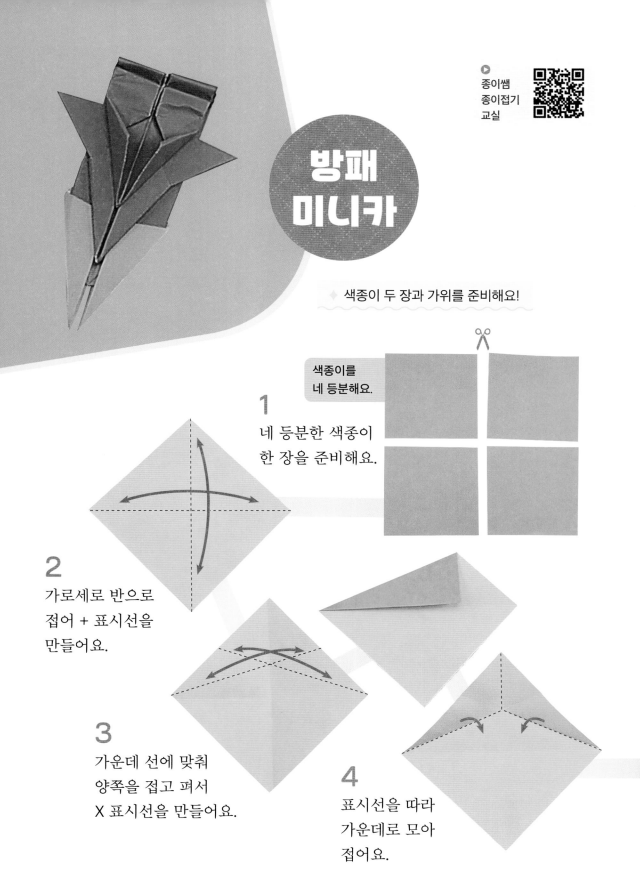

방패 미니카

◆ 색종이 두 장과 가위를 준비해요!

색종이를 네 등분해요.

1
네 등분한 색종이
한 장을 준비해요.

2
가로세로 반으로
접어 + 표시선을
만들어요.

3
가운데 선에 맞춰
양쪽을 접고 펴서
X 표시선을 만들어요.

4
표시선을 따라
가운데로 모아
접어요.

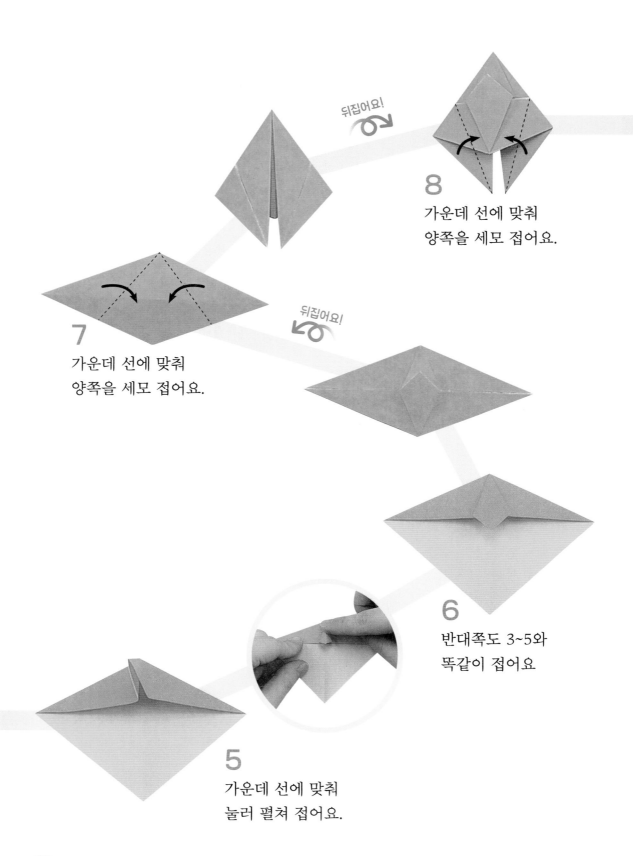

뒤집어요!

8
가운데 선에 맞춰
양쪽을 세모 접어요.

7
가운데 선에 맞춰
양쪽을 세모 접어요.

뒤집어요!

6
반대쪽도 3~5와
똑같이 접어요

5
가운데 선에 맞춰
눌러 펼쳐 접어요.

방패 완성!

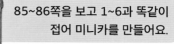
85~86쪽을 보고 1~6과 똑같이
접어 미니카를 만들어요.

9
미니카의 아래쪽과
방패의 위쪽을 합체해요.

10
미니카의 위쪽과
방패의 아래쪽을 합체해요.

완성!

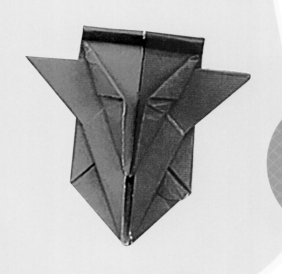

종이쌤
종이접기
교실

반반 미니카

가로세로 반으로 접어
+ 표시선을 만들고 시작해요

1
가운데 점에 맞춰
한쪽을 세모 접어요.

2
가운데 선에 맞춰
한 번 더 접어요.

뒤집어요!

3
나머지 한쪽을
1~2와 똑같이
접어요.

4
위아래를
세모 접어요.

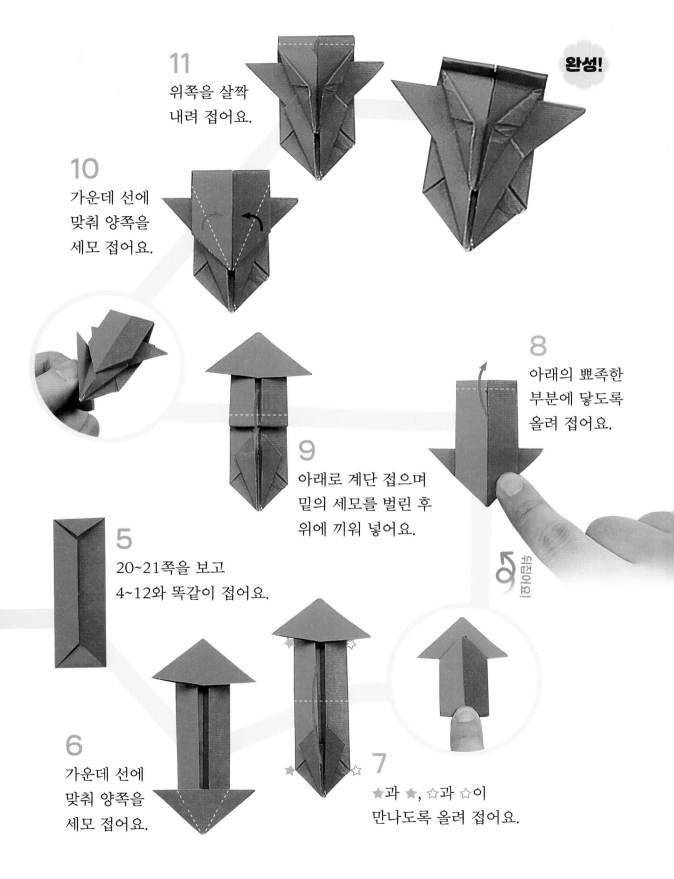

11
위쪽을 살짝
내려 접어요.

완성!

10
가운데 선에
맞춰 양쪽을
세모 접어요.

8
아래의 뾰족한
부분에 닿도록
올려 접어요.

9
아래로 계단 접으며
밑의 세모를 벌린 후
위에 끼워 넣어요.

뒤집어요!

5
20~21쪽을 보고
4~12와 똑같이 접어요.

6
가운데 선에
맞춰 양쪽을
세모 접어요.

7
★과 ★, ☆과 ☆이
만나도록 올려 접어요.

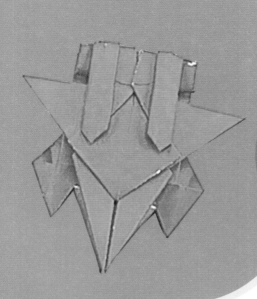

종이쌤
종이접기
교실

캐논
미니카

◆ 색종이와 함께 가위를 준비해요!

22~23쪽을 보고 9번까지
똑같이 접고 뒤집은 다음 시작해요.

1

가운데 선에 맞춰
양쪽을 세모 접어요.

2

표시선을 따라
아래로 반 접어요.

3

위로 계단 접기 해요.

4

아래로 계단 접으면서
밑의 세모를 벌린 후
위에 끼워 넣어요.

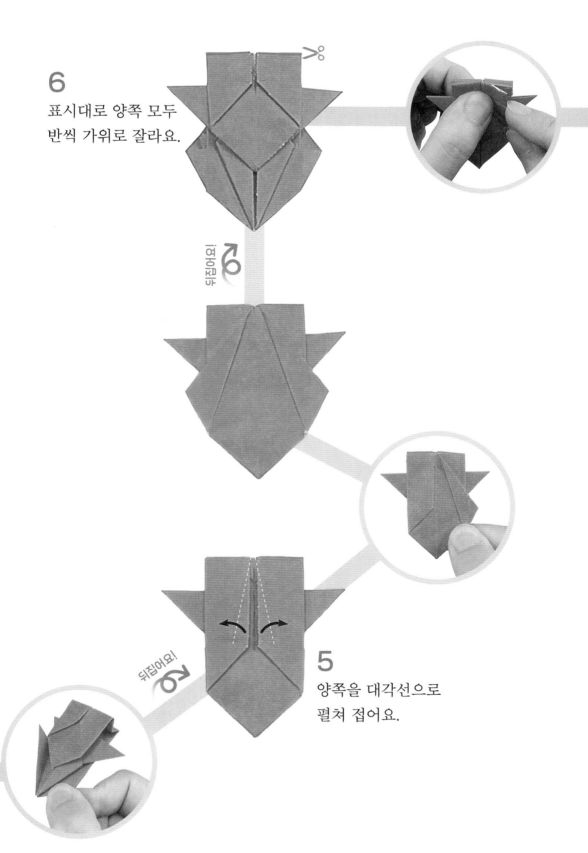

6

표시대로 양쪽 모두
반씩 가위로 잘라요.

뒤집어요!

5

양쪽을 대각선으로
펼쳐 접어요.

뒤집어요!

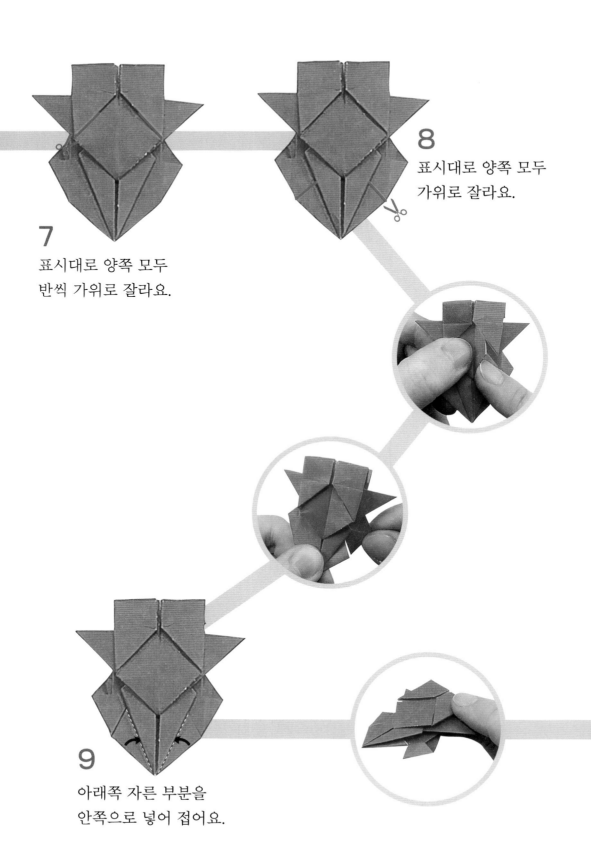

7

표시대로 양쪽 모두
반씩 가위로 잘라요.

8

표시대로 양쪽 모두
가위로 잘라요.

9

아래쪽 자른 부분을
안쪽으로 넣어 접어요.

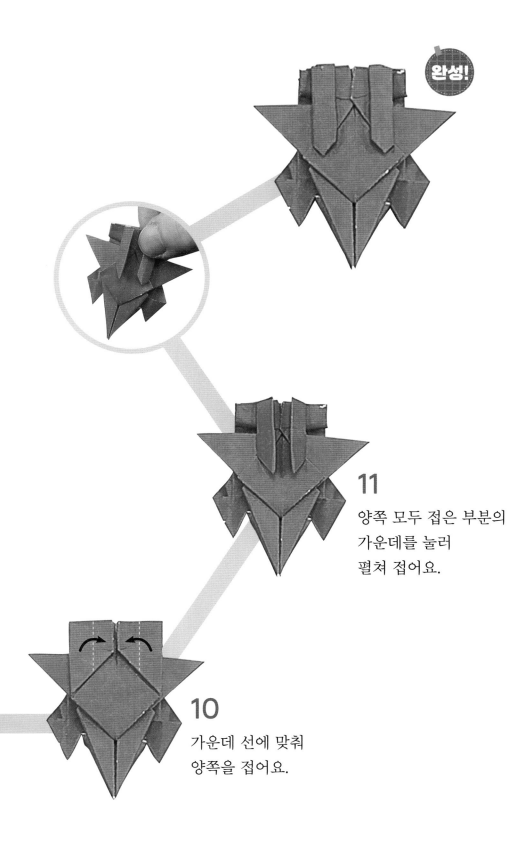

완성!

11

양쪽 모두 접은 부분의
가운데를 눌러
펼쳐 접어요.

10

가운데 선에 맞춰
양쪽을 접어요.

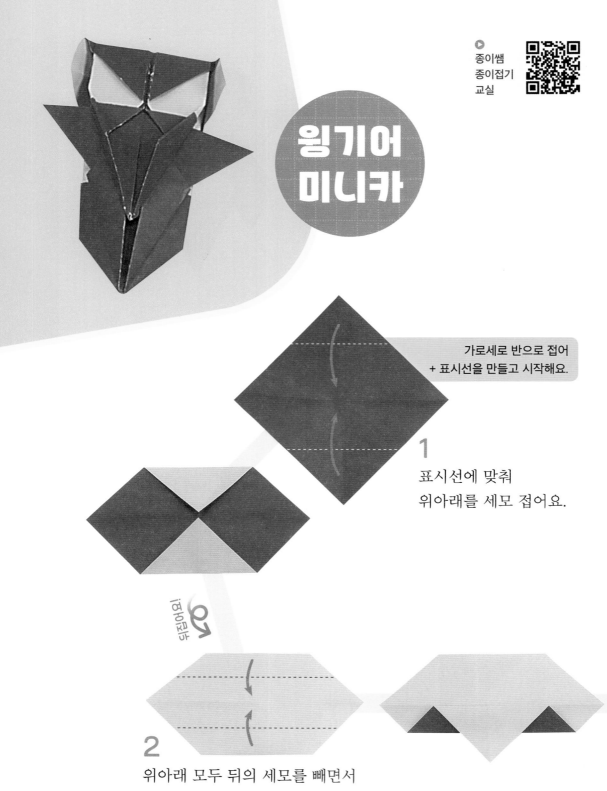

윙기어 미니카

가로세로 반으로 접어
+ 표시선을 만들고 시작해요.

1
표시선에 맞춰
위아래를 세모 접어요.

뒤집어요!

2
위아래 모두 뒤의 세모를 빼면서
가운데 선에 맞춰 접어요.

뒤집어요!

7

위아래 모두 뒤의
세모를 빼면서
가운데 선에 맞춰 접어요.

6

위아래를
가운데 선에
맞춰 접어요.

5

20~21쪽을 보고
4~8과 똑같이 접어
세모주머니를 만들어요.

4

양쪽을 세모 접어요.

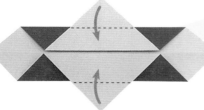

3

가운데 선에 맞춰
위아래를 세모 접어요.

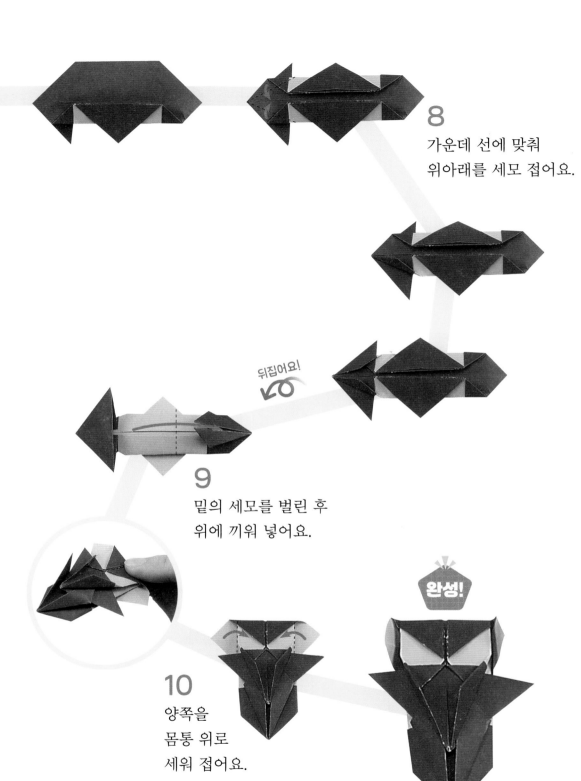

8

가운데 선에 맞춰
위아래를 세모 접어요.

뒤집어요!

9

밑의 세모를 벌린 후
위에 끼워 넣어요.

완성!

10

양쪽을
몸통 위로
세워 접어요.

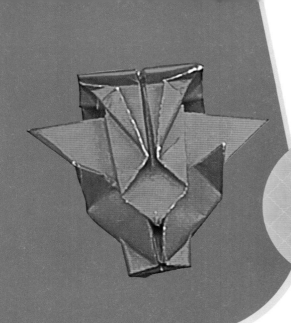

종이쌤
종이접기
교실

연필 미사일 미니카

20~21쪽을 보고 8번까지 똑같이 접고 시작해요.

1 아래쪽 세모를 위로 반 올려 접어요.

2 모두 펴서 뒤집어 가운데 네모 모양을 확인해요.

3 가운데 네모를 모아 접어요.

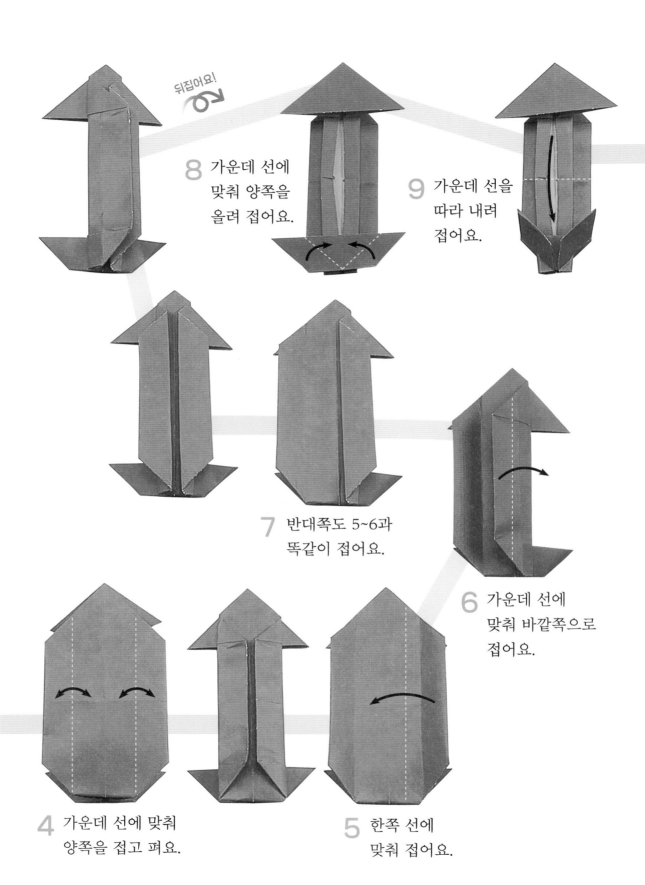

뒤집어요!

8 가운데 선에
맞춰 양쪽을
올려 접어요.

9 가운데 선을
따라 내려
접어요.

7 반대쪽도 5~6과
똑같이 접어요.

6 가운데 선에
맞춰 바깥쪽으로
접어요.

4 가운데 선에 맞춰
양쪽을 접고 펴요.

5 한쪽 선에
맞춰 접어요.

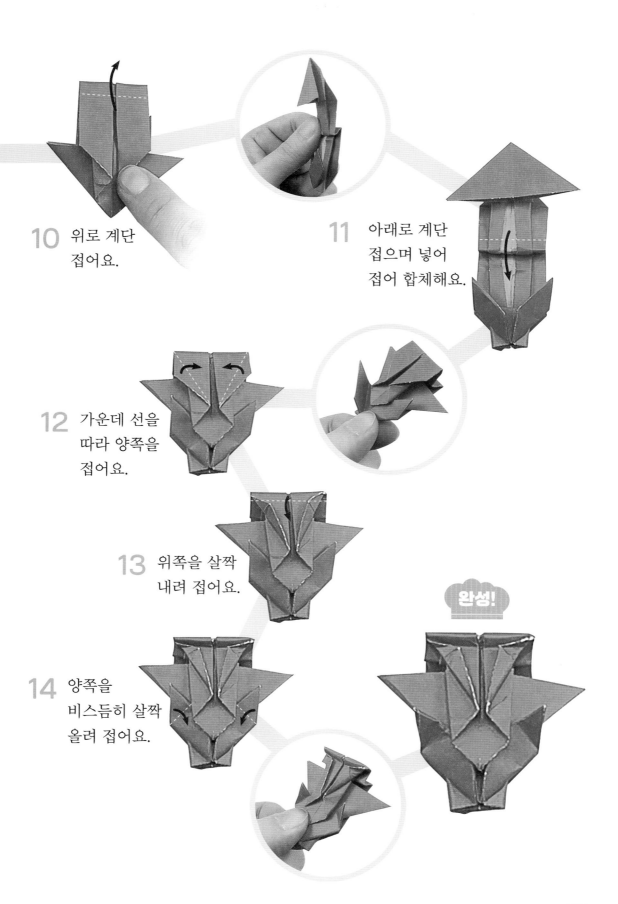

10 위로 계단
접어요.

11 아래로 계단
접으며 넣어
접어 합체해요.

12 가운데 선을
따라 양쪽을
접어요.

13 위쪽을 살짝
내려 접어요.

14 양쪽을
비스듬히 살짝
올려 접어요.

완성!

PART 2

친구들과 신나는
장난감

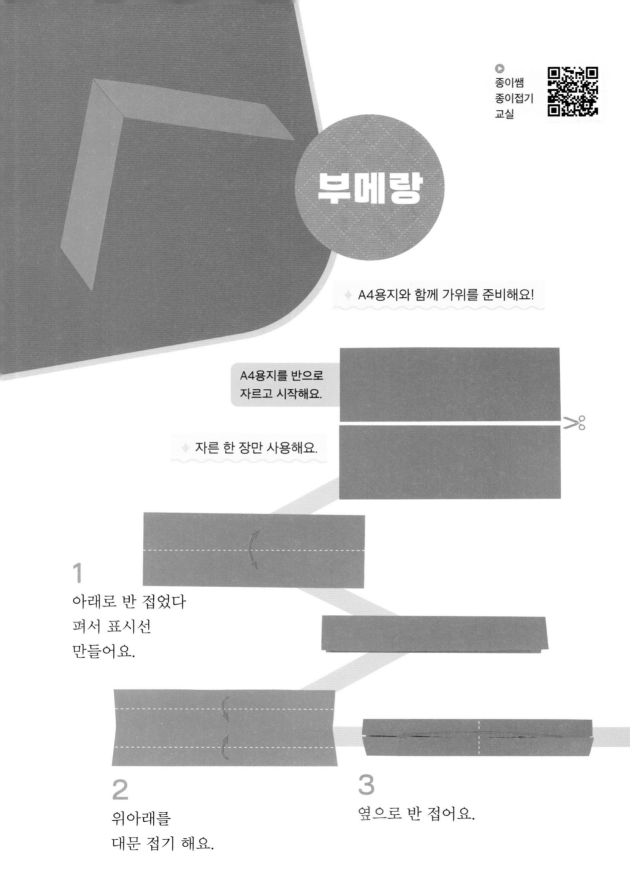

부메랑

✦ A4용지와 함께 가위를 준비해요!

A4용지를 반으로
자르고 시작해요.

✦ 자른 한 장만 사용해요.

1

아래로 반 접었다
펴서 표시선
만들어요.

2

위아래를
대문 접기 해요.

3

옆으로 반 접어요.

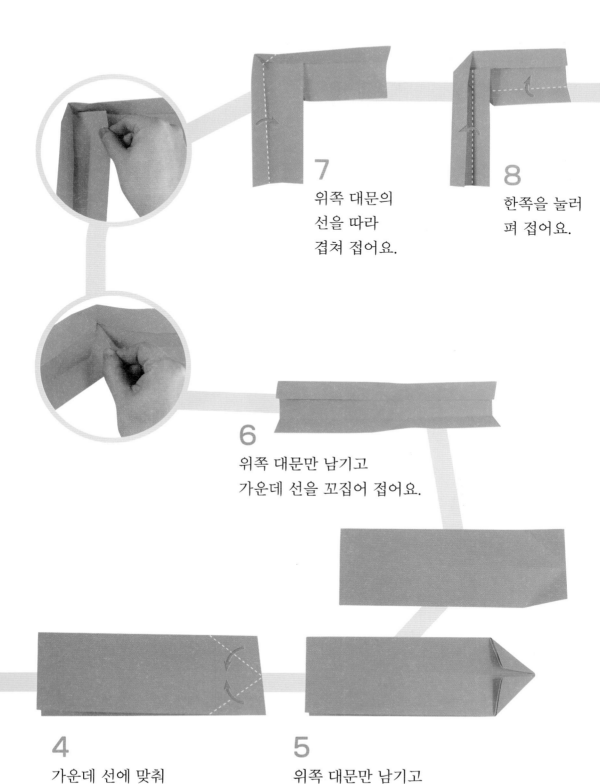

7
위쪽 대문의
선을 따라
겹쳐 접어요.

8
한쪽을 눌러
펴 접어요.

6
위쪽 대문만 남기고
가운데 선을 꼬집어 접어요.

4
가운데 선에 맞춰
위아래를 세모 접어요.

5
위쪽 대문만 남기고
모두 펴요.

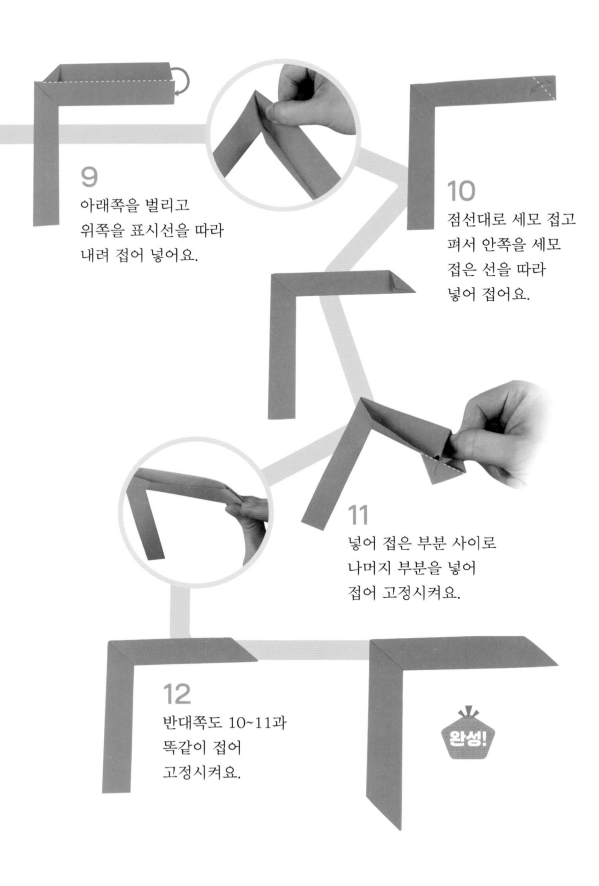

9
아래쪽을 벌리고
위쪽을 표시선을 따라
내려 접어 넣어요.

10
점선대로 세모 접고
펴서 안쪽을 세모
접은 선을 따라
넣어 접어요.

11
넣어 접은 부분 사이로
나머지 부분을 넣어
접어 고정시켜요.

12
반대쪽도 10~11과
똑같이 접어
고정시켜요.

완성!

종이쌤
종이접기
교실

부메랑
비행기

가로세로 반으로 접어
+ 표시선을 만든 후 시작해요.

1

위쪽만 가운데 선에
맞춰 네모 접어요.

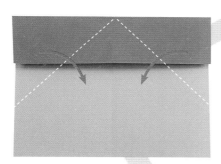

2

가운데 선에 맞춰
양쪽을 세모 접어요.

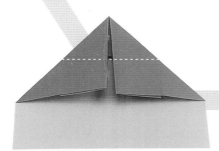

3

표시선을 따라 세모 접어요.

4

바깥쪽으로 반 접어요.

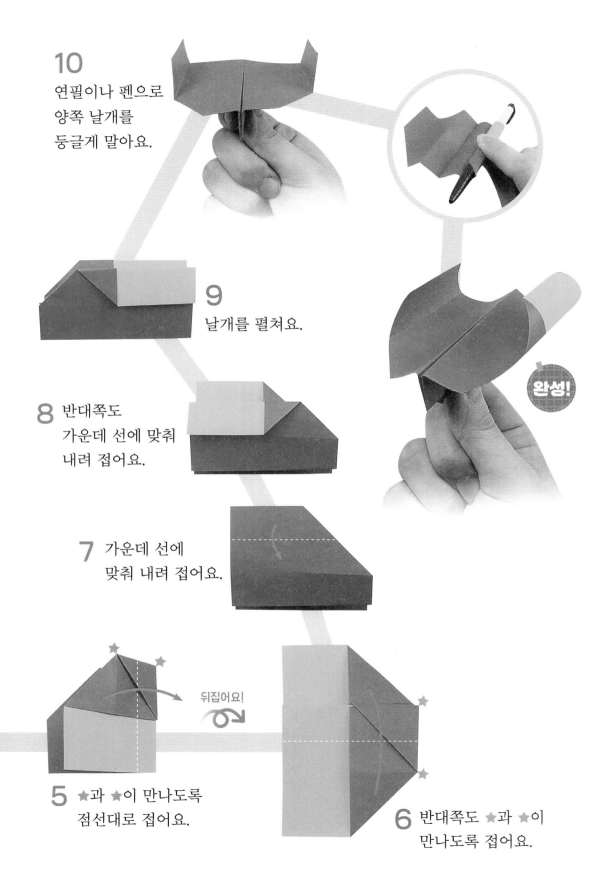

10 연필이나 펜으로
양쪽 날개를
둥글게 말아요.

9 날개를 펼쳐요.

8 반대쪽도
가운데 선에 맞춰
내려 접어요.

7 가운데 선에
맞춰 내려 접어요.

완성!

뒤집어요!

5 ★과 ★이 만나도록
점선대로 접어요.

6 반대쪽도 ★과 ★이
만나도록 접어요.

 종이쌤
종이접기
교실

손가락 함정

◆ 색종이와 함께 가위를 준비해요!

1
옆으로
네모 접어요.

2
아래로
네모 접어요.

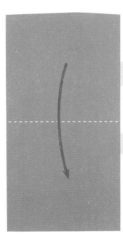

3
대각선으로 세모 접고
펴서 X 표시선을 만들어요.

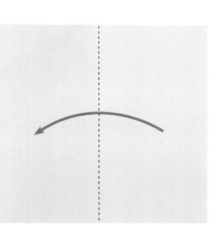

뒤집어요!

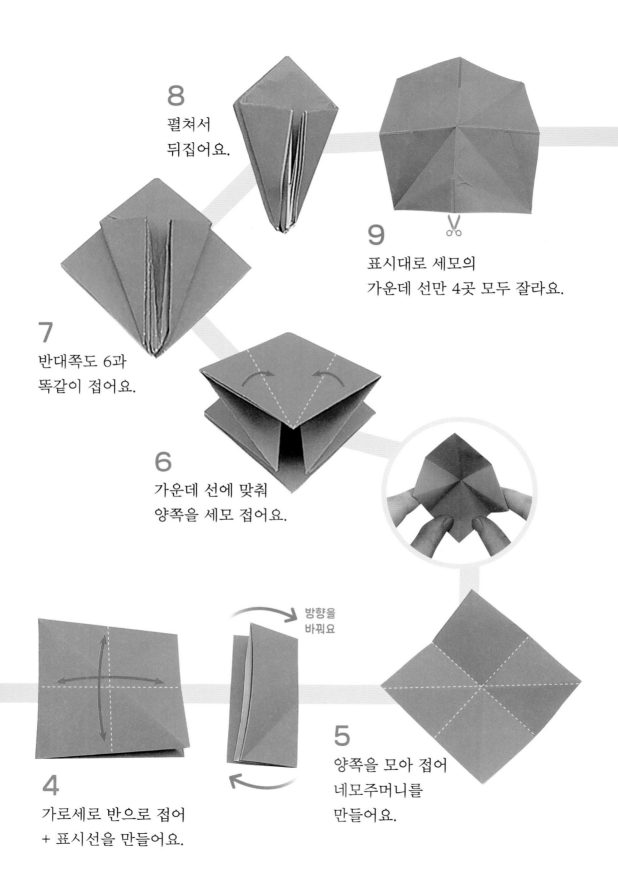

8
펼쳐서
뒤집어요.

9
표시대로 세모의
가운데 선만 4곳 모두 잘라요.

7
반대쪽도 6과
똑같이 접어요.

6
가운데 선에 맞춰
양쪽을 세모 접어요.

방향을
바꿔요

4
가로세로 반으로 접어
+ 표시선을 만들어요.

5
양쪽을 모아 접어
네모주머니를
만들어요.

10

가운데 선에 맞춰 4곳
모두 양쪽을 세모 접어요.

뒤집어요!

11

가운데 점으로부터
1cm 정도 남기고
4곳을 세모 접어요.

12

세모 접은 선을 따라
Y 모양으로 선을
만들어요.

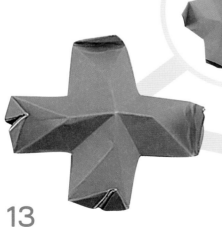

13

가운데를 손가락으로
누르면 함정이 발동돼요.

완성!

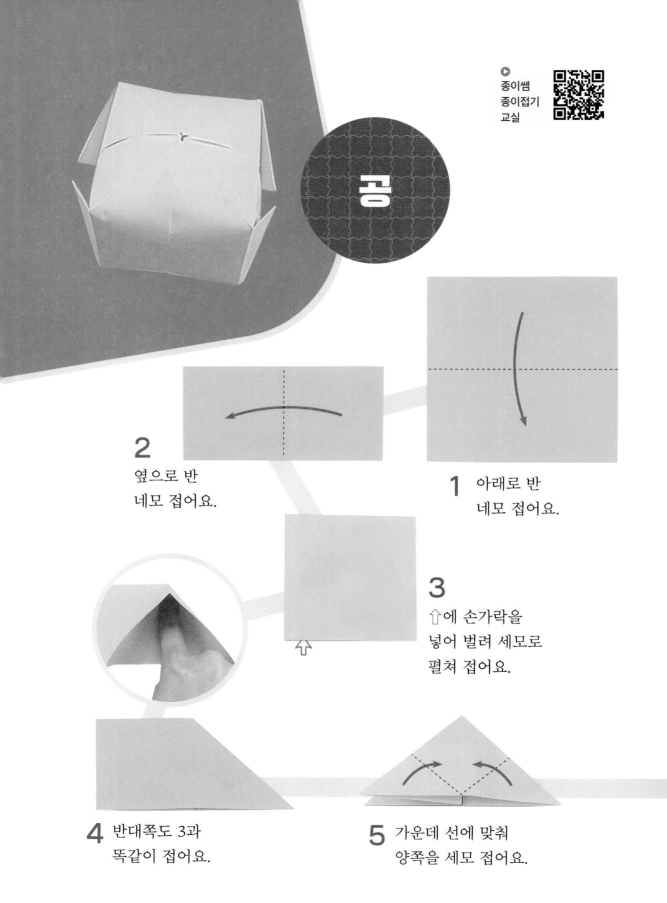

공

1 아래로 반
네모 접어요.

2 옆으로 반
네모 접어요.

3 ⇧에 손가락을
넣어 벌려 세모로
펼쳐 접어요.

4 반대쪽도 3과
똑같이 접어요.

5 가운데 선에 맞춰
양쪽을 세모 접어요.

10

양쪽을 잡고 아래쪽의
구멍을 확인해요.

11

구멍에 바람을 불어 넣어
공 모양을 만들어요.

완성!

9

두 곳을 방금 접은
세모의 사이에
끼워 넣어 접어요.
뒤집어서 반대쪽도
똑같이 접어요.

8

반대쪽도 7과
똑같이 접어요.

6

반대쪽도 5와
똑같이 접어요.

7

가운데 선에 맞춰
양쪽을 세모 접어요.

종이쌤
종이접기
교실

피젯 스피너

✦ 색종이와 함께 풀을 준비해요!

가로세로 반으로 접어
+ 표시선을 만든 후 시작해요.

1

양옆과 위아래로
대문 접기 하여
표시선을 만들어요.

2

가로세로 세모 접어
+ 표시선을 만들어요.

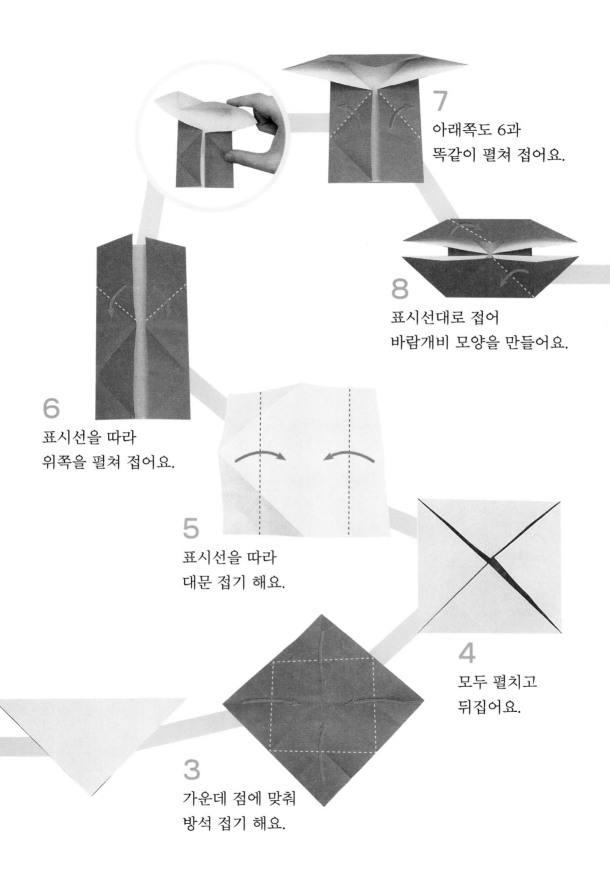

7 아래쪽도 6과
똑같이 펼쳐 접어요.

8 표시선대로 접어
바람개비 모양을 만들어요.

6 표시선을 따라
위쪽을 펼쳐 접어요.

5 표시선을 따라
대문 접기 해요.

4 모두 펼치고
뒤집어요.

3 가운데 점에 맞춰
방석 접기 해요.

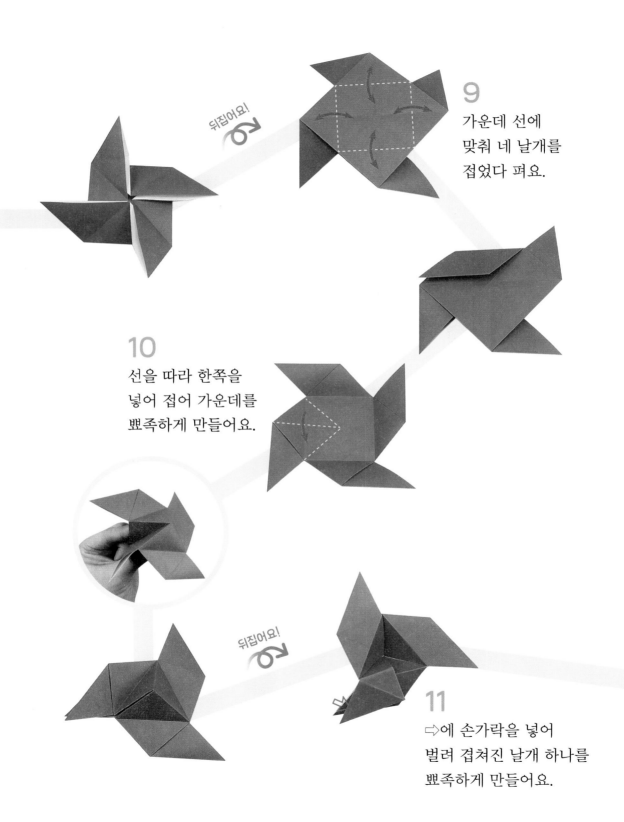

뒤집어요!

9
가운데 선에
맞춰 네 날개를
접었다 펴요.

10
선을 따라 한쪽을
넣어 접어 가운데를
뾰족하게 만들어요.

뒤집어요!

11
⇨에 손가락을 넣어
벌려 겹쳐진 날개 하나를
뾰족하게 만들어요.

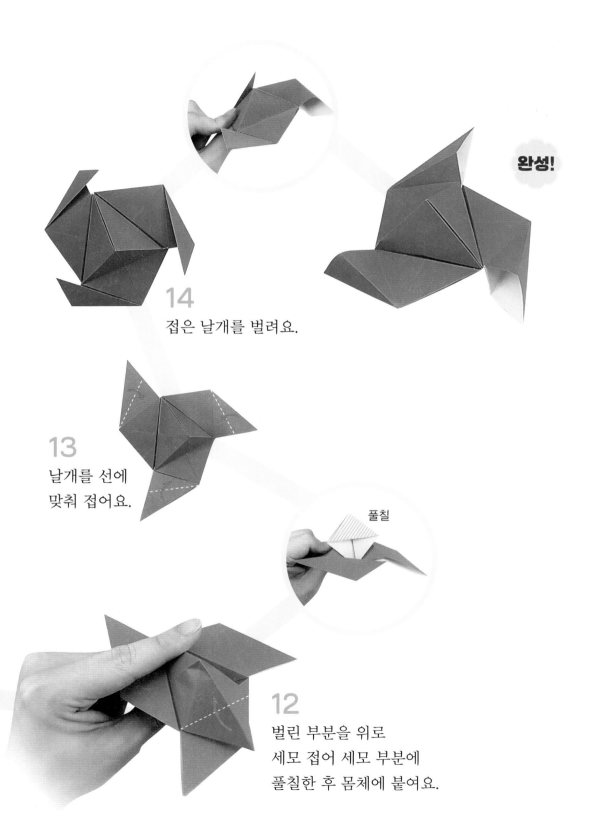

완성!

14
접은 날개를 벌려요.

13
날개를 선에
맞춰 접어요.

풀칠

12
벌린 부분을 위로
세모 접어 세모 부분에
풀칠한 후 몸체에 붙여요.

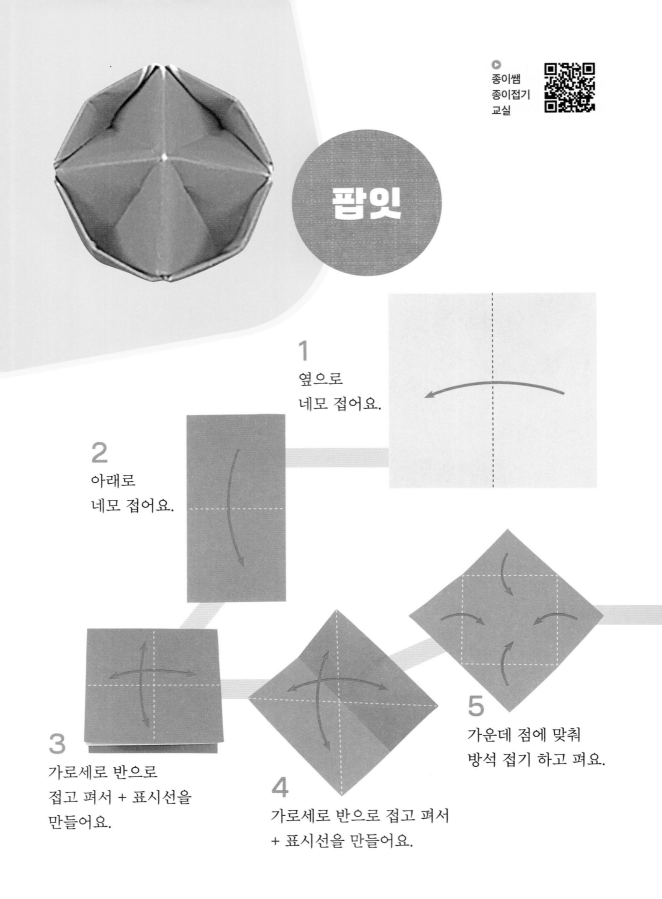

종이쌤
종이접기
교실

팝잇

1
옆으로
네모 접어요.

2
아래로
네모 접어요.

3
가로세로 반으로
접고 펴서 + 표시선을
만들어요.

4
가로세로 반으로 접고 펴서
+ 표시선을 만들어요.

5
가운데 점에 맞춰
방석 접기 하고 펴요.

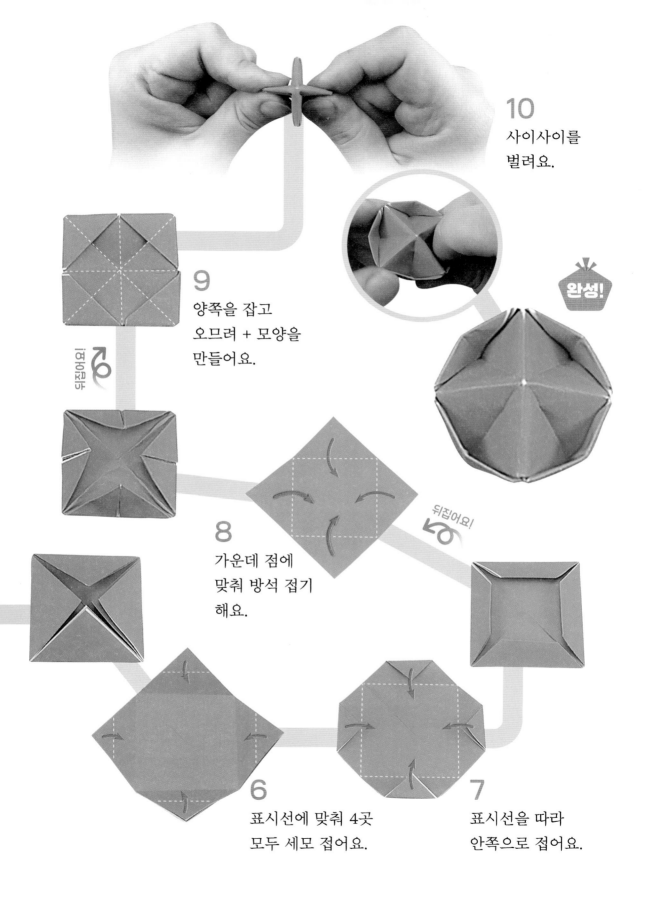

10
사이사이를
벌려요.

완성!

9
양쪽을 잡고
오므려 + 모양을
만들어요.

뒤집어요!

8
가운데 점에
맞춰 방석 접기
해요.

뒤집어요!

6
표시선에 맞춰 4곳
모두 세모 접어요.

7
표시선을 따라
안쪽으로 접어요.

더블
리볼버

◆ 검은색 색종이 두 장을 준비해요!

1
위아래로
대문 접기 해요.

2
한 번 더
대문 접기 해요.

3
아래로
반 접어요.

4
옆으로
반 접고 펴요.

5
가운데 선에 맞춰 양쪽을 접어요.

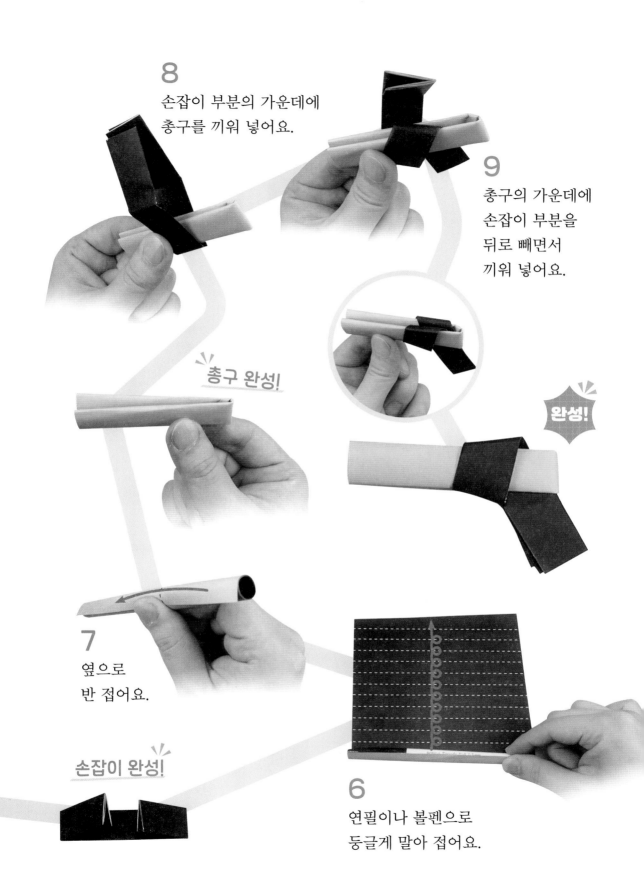

8

손잡이 부분의 가운데에
총구를 끼워 넣어요.

9

총구의 가운데에
손잡이 부분을
뒤로 빼면서
끼워 넣어요.

총구 완성!

완성!

7

옆으로
반 접어요.

손잡이 완성!

6

연필이나 볼펜으로
둥글게 말아 접어요.

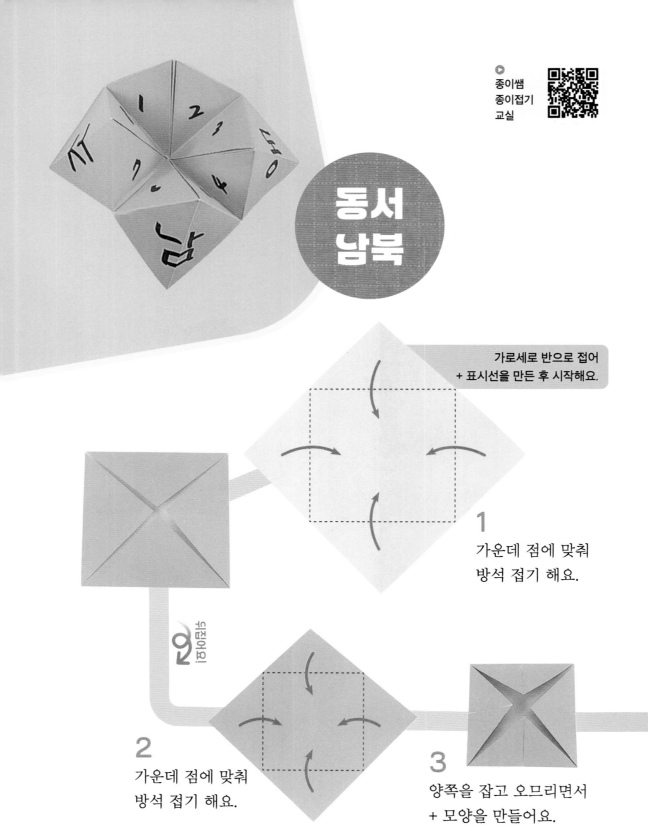

동서남북

가로세로 반으로 접어
+ 표시선을 만든 후 시작해요.

1
가운데 점에 맞춰
방석 접기 해요.

뒤집어요!

2
가운데 점에 맞춰
방석 접기 해요.

3
양쪽을 잡고 오므리면서
+ 모양을 만들어요.

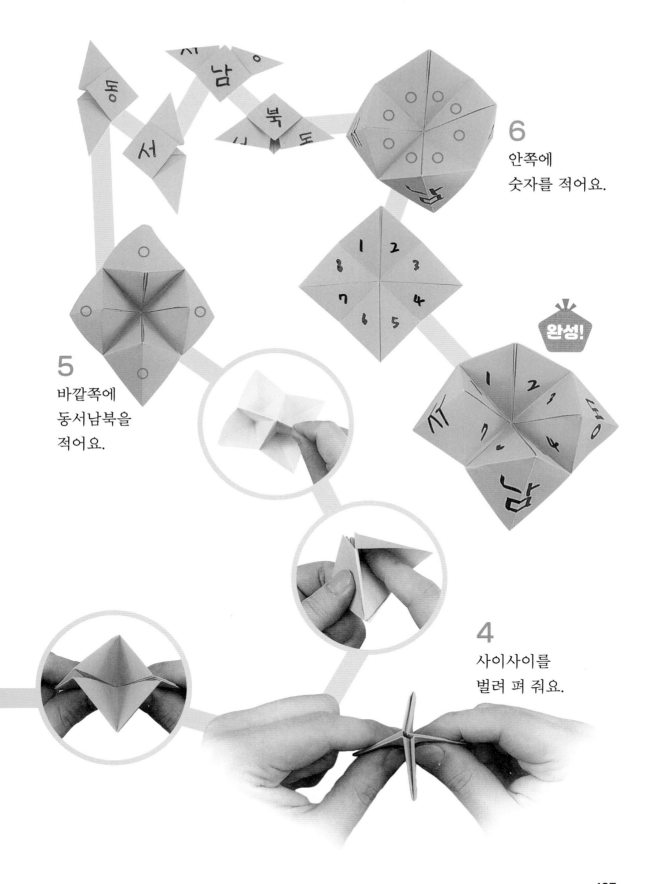

6
안쪽에
숫자를 적어요.

완성!

5
바깥쪽에
동서남북을
적어요.

4
사이사이를
벌려 펴 줘요.

127

PART 3

특별하게 즐기는
이벤트

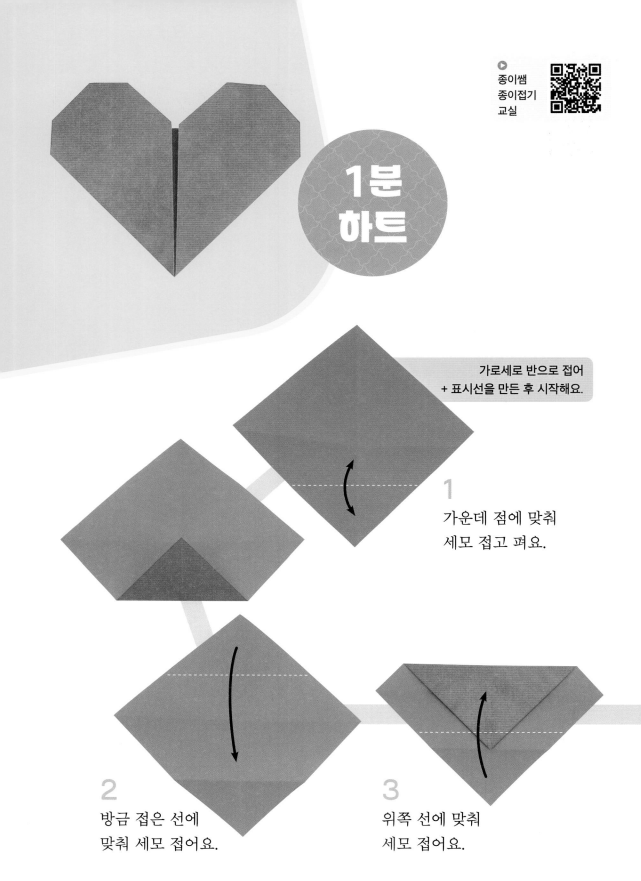

종이쌤
종이접기
교실

1분
하트

가로세로 반으로 접어
+ 표시선을 만든 후 시작해요.

1
가운데 점에 맞춰
세모 접고 펴요.

2
방금 접은 선에
맞춰 세모 접어요.

3
위쪽 선에 맞춰
세모 접어요.

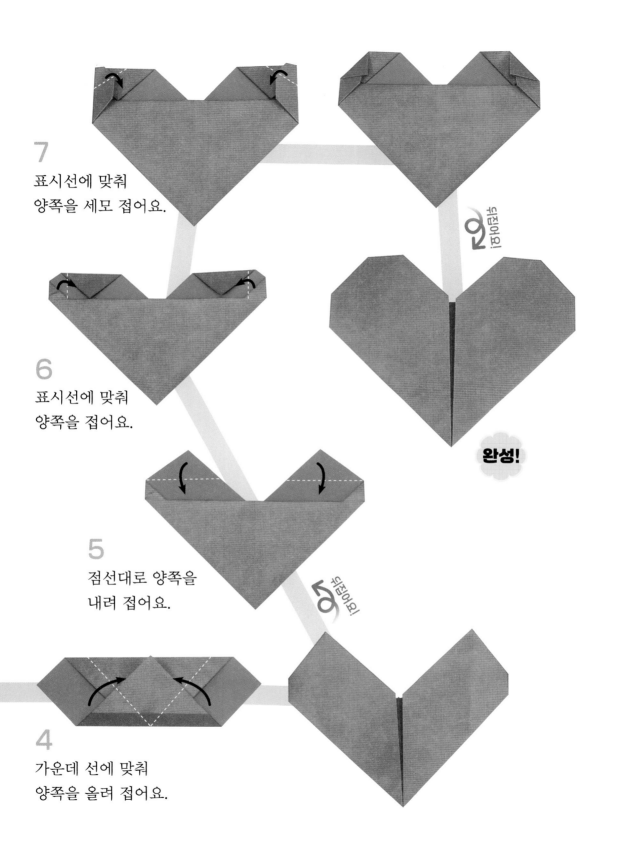

7
표시선에 맞춰
양쪽을 세모 접어요.

6
표시선에 맞춰
양쪽을 접어요.

5
점선대로 양쪽을
내려 접어요.

4
가운데 선에 맞춰
양쪽을 올려 접어요.

뒤집어요!

뒤집어요!

완성!

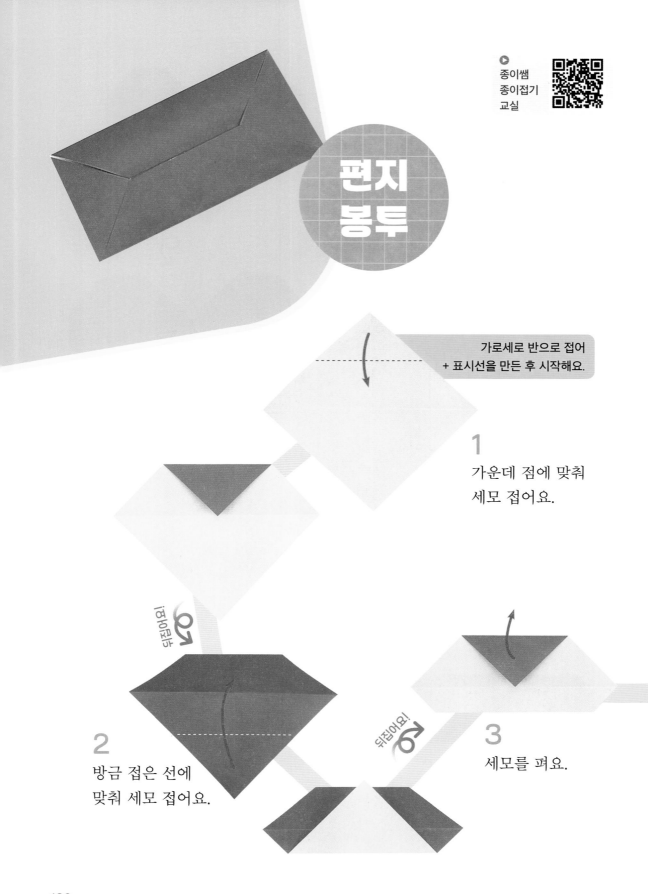

편지
봉투

가로세로 반으로 접어
+ 표시선을 만든 후 시작해요.

1

가운데 점에 맞춰
세모 접어요.

2

방금 접은 선에
맞춰 세모 접어요.

뒤집어요!

뒤집어요!

3

세모를 펴요.

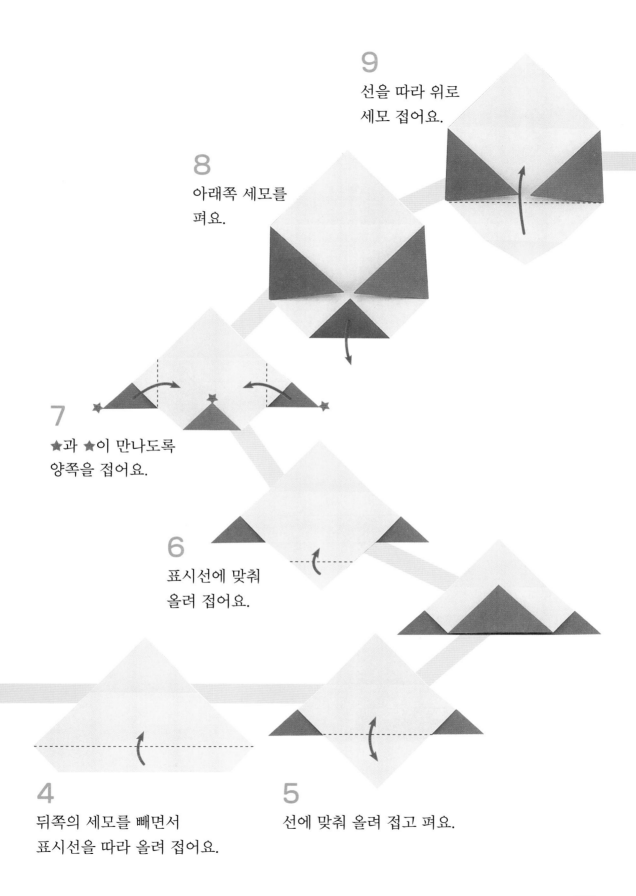

9
선을 따라 위로
세모 접어요.

8
아래쪽 세모를
펴요.

7
★과 ★이 만나도록
양쪽을 접어요.

6
표시선에 맞춰
올려 접어요.

4
뒤쪽의 세모를 빼면서
표시선을 따라 올려 접어요.

5
선에 맞춰 올려 접고 펴요.

10

안쪽을 벌려
세모를 넣어요.

11

안쪽을 벌려
세모를 넣어요.

완성!

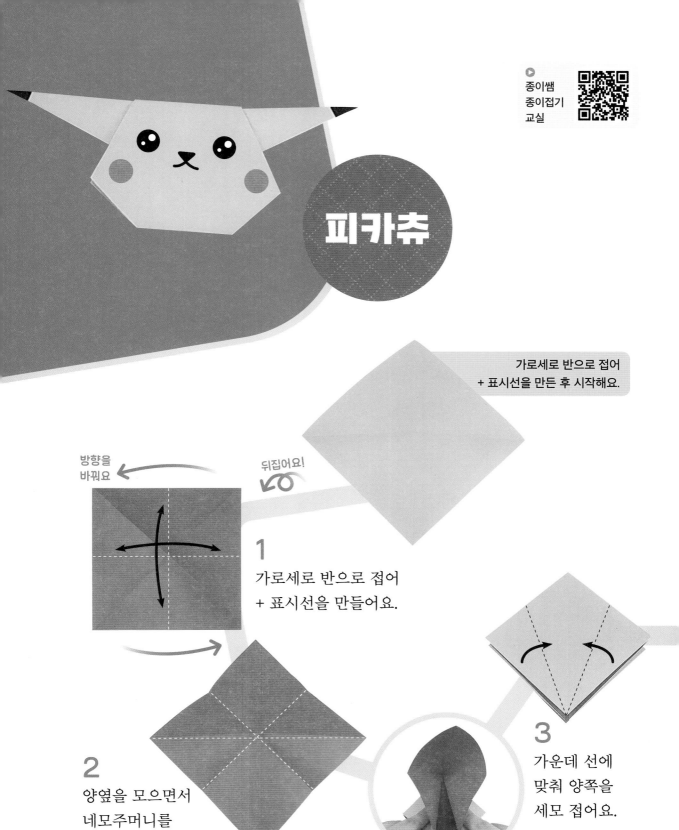

종이쌤
종이접기
교실

피카츄

가로세로 반으로 접어
+ 표시선을 만든 후 시작해요.

방향을
바꿔요

뒤집어요!

1
가로세로 반으로 접어
+ 표시선을 만들어요.

2
양옆을 모으면서
네모주머니를
만들어요.

3
가운데 선에
맞춰 양쪽을
세모 접어요.

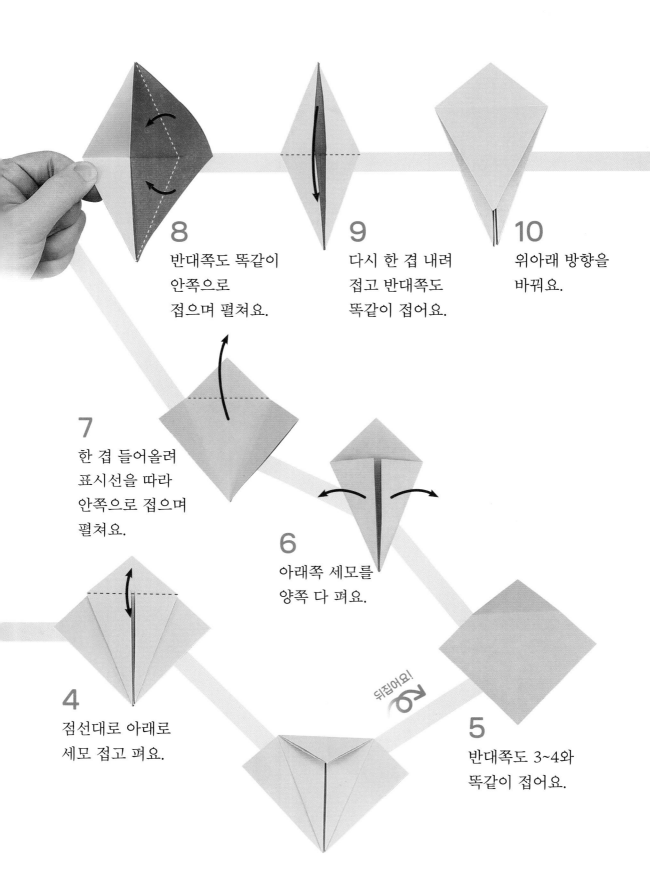

8
반대쪽도 똑같이
안쪽으로
접으며 펼쳐요.

9
다시 한 겹 내려
접고 반대쪽도
똑같이 접어요.

10
위아래 방향을
바꿔요.

7
한 겹 들어올려
표시선을 따라
안쪽으로 접으며
펼쳐요.

6
아래쪽 세모를
양쪽 다 펴요.

4
점선대로 아래로
세모 접고 펴요.

뒤집어요!

5
반대쪽도 3~4와
똑같이 접어요.

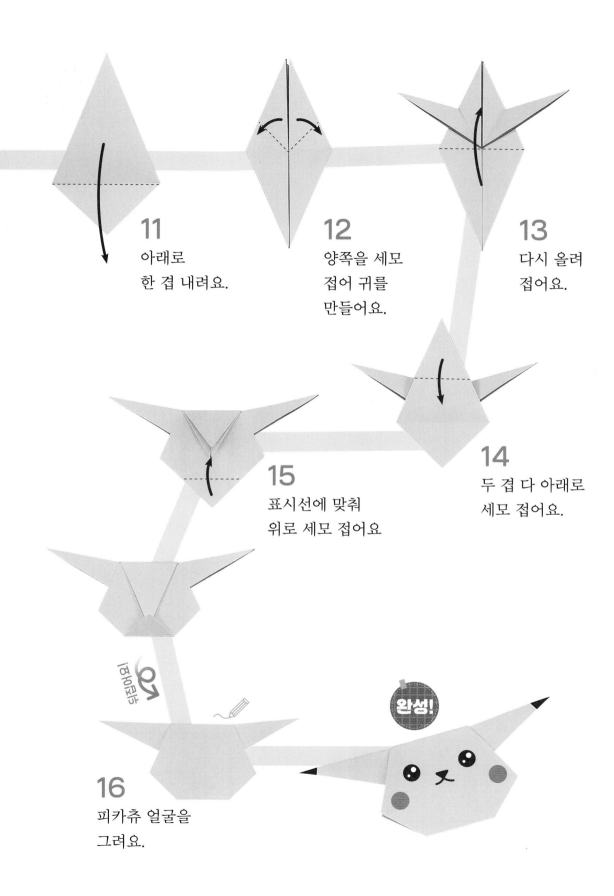

11
아래로
한 겹 내려요.

12
양쪽을 세모
접어 귀를
만들어요.

13
다시 올려
접어요.

14
두 겹 다 아래로
세모 접어요.

15
표시선에 맞춰
위로 세모 접어요

뒤집어요!

16
피카츄 얼굴을
그려요.

완성!

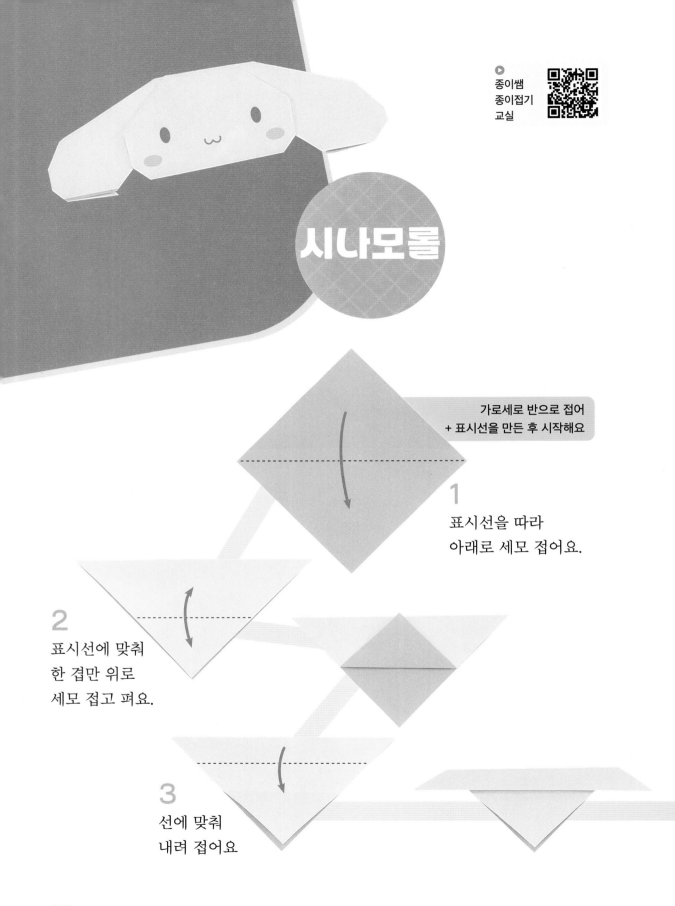

시나모롤

가로세로 반으로 접어 + 표시선을 만든 후 시작해요

1
표시선을 따라
아래로 세모 접어요.

2
표시선에 맞춰
한 겹만 위로
세모 접고 펴요.

3
선에 맞춰
내려 접어요

138

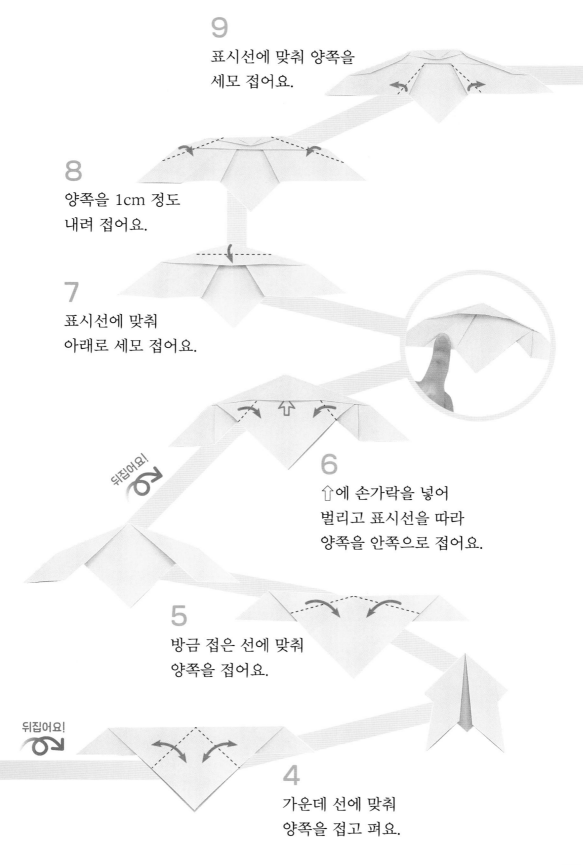

9

표시선에 맞춰 양쪽을
세모 접어요.

8

양쪽을 1cm 정도
내려 접어요.

7

표시선에 맞춰
아래로 세모 접어요.

뒤집어요!

6

⬆에 손가락을 넣어
벌리고 표시선을 따라
양쪽을 안쪽으로 접어요.

5

방금 접은 선에 맞춰
양쪽을 접어요.

뒤집어요!

4

가운데 선에 맞춰
양쪽을 접고 펴요.

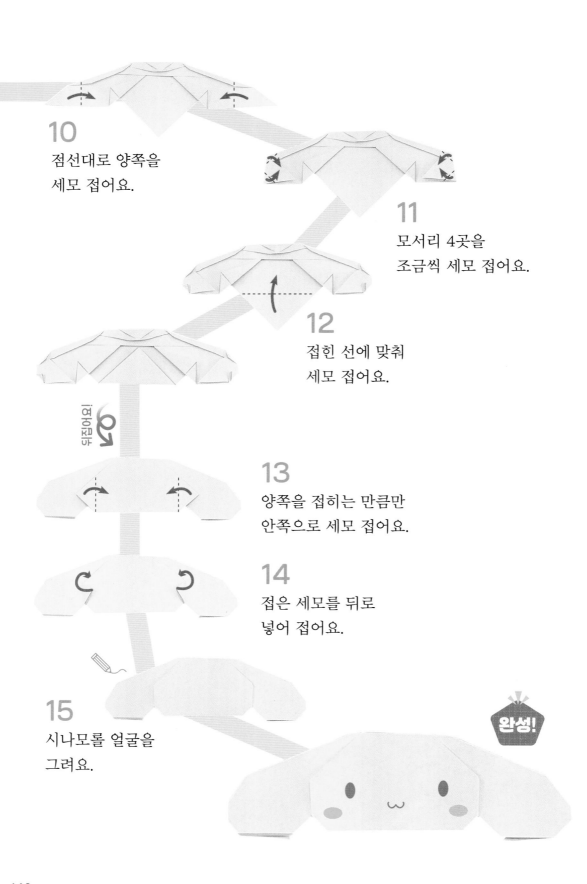

10
점선대로 양쪽을
세모 접어요.

11
모서리 4곳을
조금씩 세모 접어요.

12
접힌 선에 맞춰
세모 접어요.

뒤집어요!

13
양쪽을 접히는 만큼만
안쪽으로 세모 접어요.

14
접은 세모를 뒤로
넣어 접어요.

15
시나모롤 얼굴을
그려요.

완성!

종이쌤
종이접기
교실

마이 멜로디

✦ 색종이와 함께 가위와 풀을 준비해요!

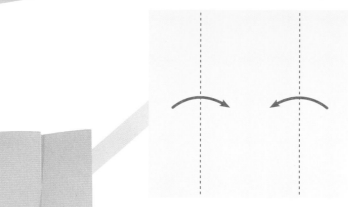

1
14쪽을 참고하여
대문 접기 해요.

2
접은 부분과 남은 부분이
거의 비슷하도록
위로 네모 접고 펴요.

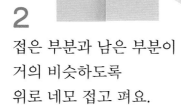

3
표시대로 3곳을
가위로 잘라요.

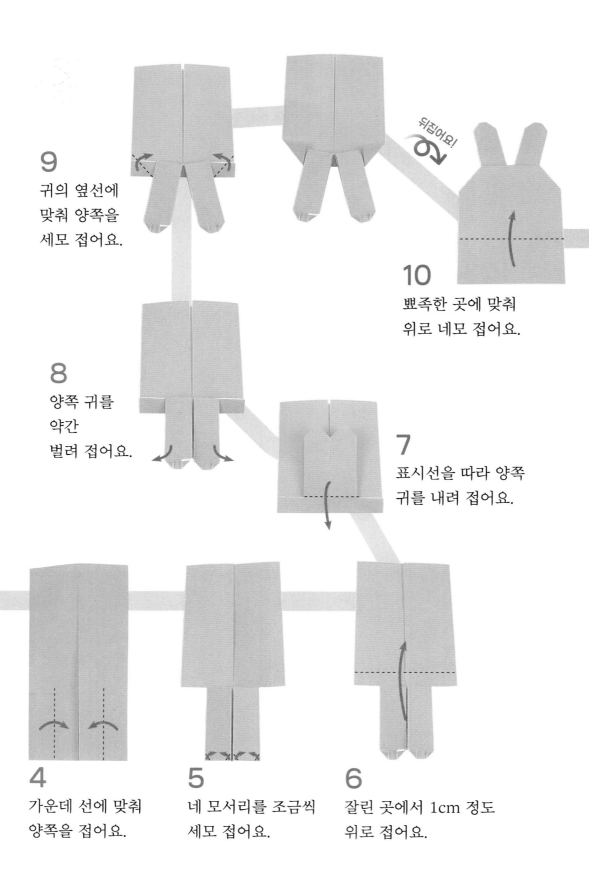

9

귀의 옆선에
맞춰 양쪽을
세모 접어요.

뒤집어요!

10

뾰족한 곳에 맞춰
위로 네모 접어요.

8

양쪽 귀를
약간
벌려 접어요.

7

표시선을 따라 양쪽
귀를 내려 접어요.

4

가운데 선에 맞춰
양쪽을 접어요.

5

네 모서리를 조금씩
세모 접어요.

6

잘린 곳에서 1cm 정도
위로 접어요.

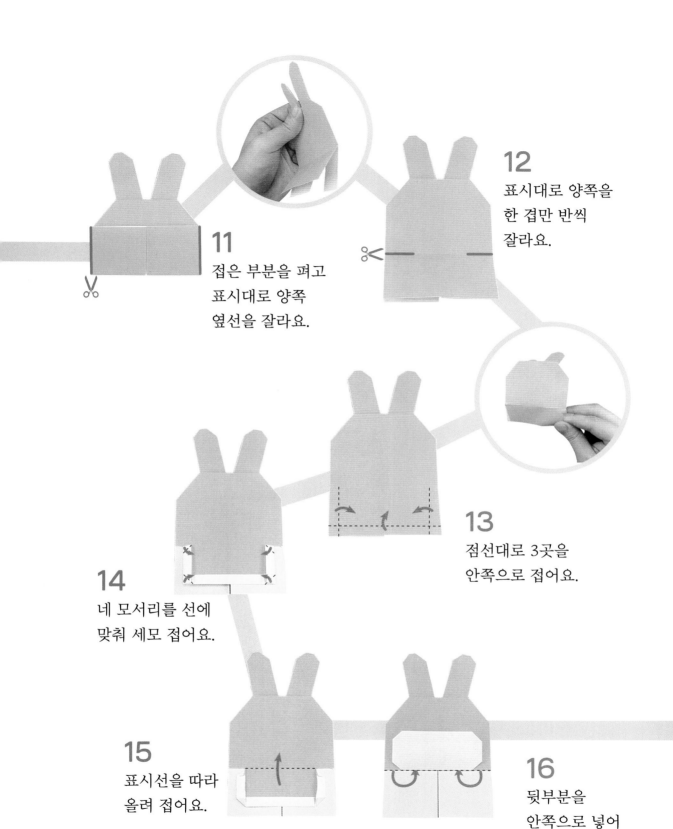

11
접은 부분을 펴고
표시대로 양쪽
옆선을 잘라요.

12
표시대로 양쪽을
한 겹만 반씩
잘라요.

13
점선대로 3곳을
안쪽으로 접어요.

14
네 모서리를 선에
맞춰 세모 접어요.

15
표시선을 따라
올려 접어요.

16
뒷부분을
안쪽으로 넣어
접어요.

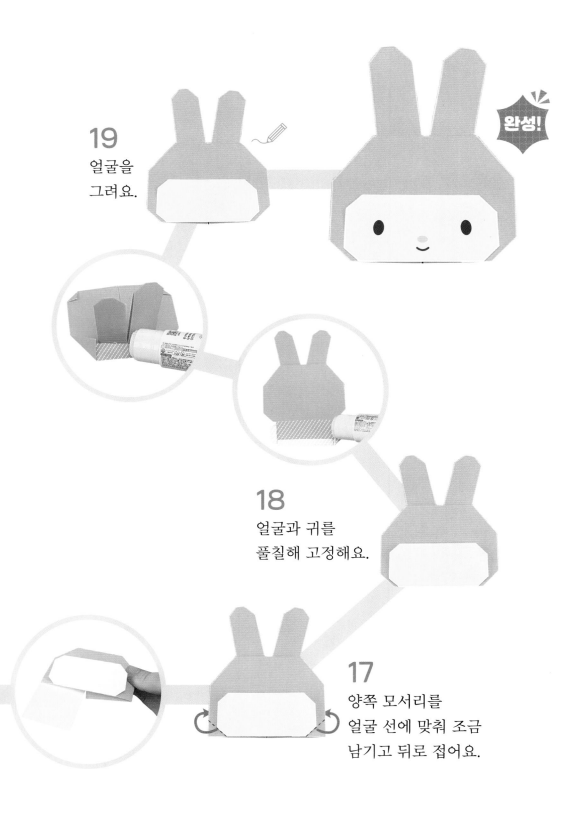

19
얼굴을
그려요.

완성!

18
얼굴과 귀를
풀칠해 고정해요.

17
양쪽 모서리를
얼굴 선에 맞춰 조금
남기고 뒤로 접어요.

종이쌤
종이접기
교실

쿠로미

◆ 색종이와 함께 가위를 준비해요!

141~142쪽을 보고 4번까지
똑같이 접고 시작해요.

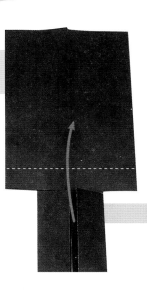

1
잘린 곳에서
1cm 정도
위로 접어요.

2
양쪽을
비스듬하게
세모 접어요.

3
세모의 가운데에
오도록 양쪽을
내려 접어요.

4
귀의 바깥쪽
선에 맞춰
양쪽을 올려
접어요.

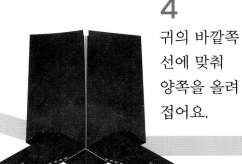

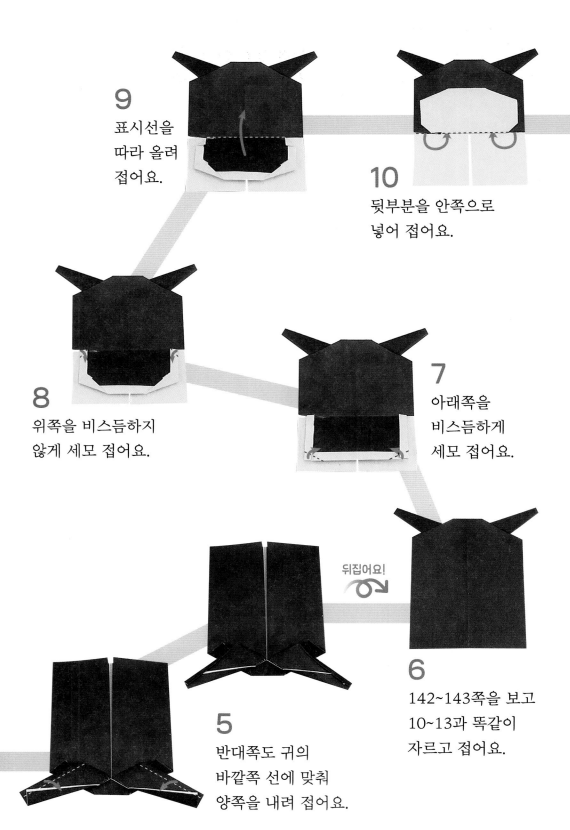

9
표시선을
따라 올려
접어요.

10
뒷부분을 안쪽으로
넣어 접어요.

8
위쪽을 비스듬하지
않게 세모 접어요.

7
아래쪽을
비스듬하게
세모 접어요.

뒤집어요!

6
142~143쪽을 보고
10~13과 똑같이
자르고 접어요.

5
반대쪽도 귀의
바깥쪽 선에 맞춰
양쪽을 내려 접어요.

11

양쪽 모서리를 얼굴선에 맞춰
조금 남기고 뒤로 접어요.

12

얼굴 가운데 부분을
V 모양으로 잘라요.

13

얼굴을 그려요.

완성!

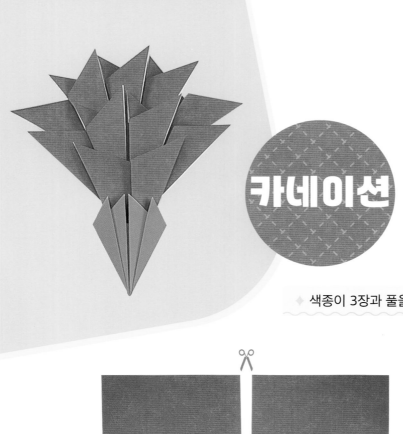

종이쌤
종이접기
교실

카네이션

◆ 색종이 3장과 풀을 준비해요!

1
빨간색 색종이 2장을
각각 4등분해요.

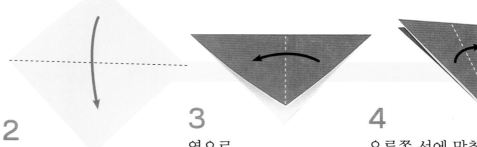

2
아래로
세모 접어요.

3
옆으로
세모 접어요.

4
오른쪽 선에 맞춰
세모 접어요.

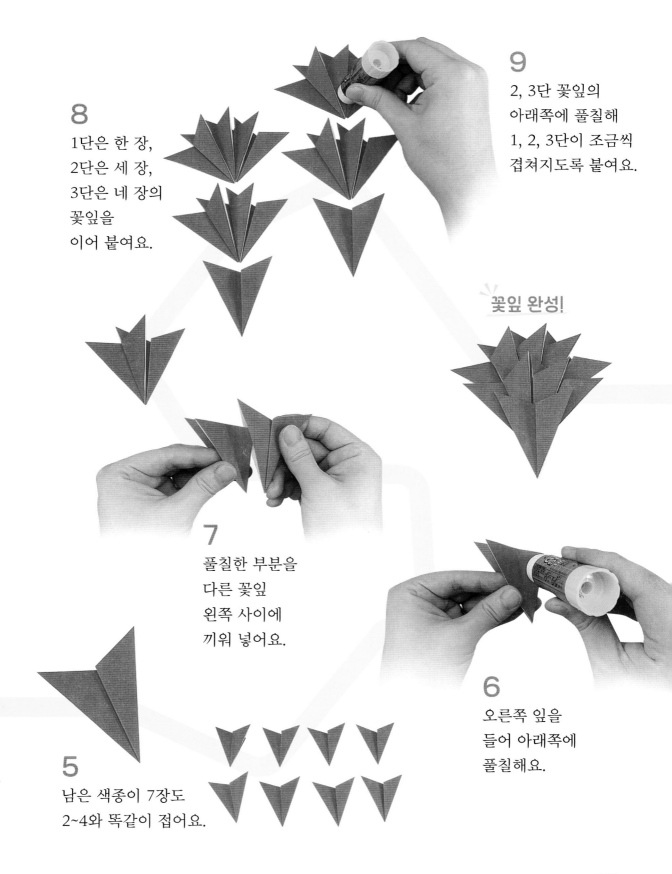

9
2, 3단 꽃잎의
아래쪽에 풀칠해
1, 2, 3단이 조금씩
겹쳐지도록 붙여요.

8
1단은 한 장,
2단은 세 장,
3단은 네 장의
꽃잎을
이어 붙여요.

꽃잎 완성!

7
풀칠한 부분을
다른 꽃잎
왼쪽 사이에
끼워 넣어요.

6
오른쪽 잎을
들어 아래쪽에
풀칠해요.

5
남은 색종이 7장도
2~4와 똑같이 접어요.

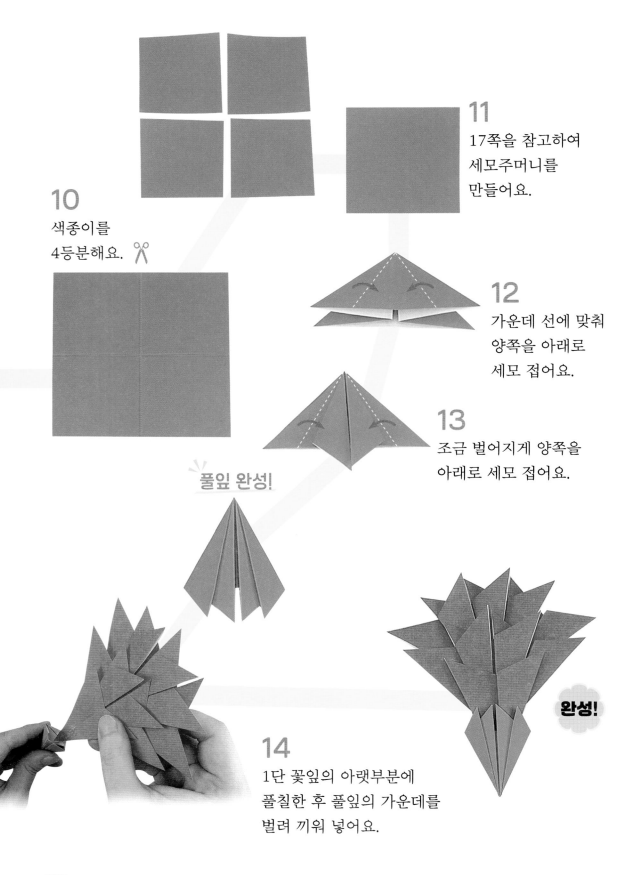

10
색종이를
4등분해요. ✂

11
17쪽을 참고하여
세모주머니를
만들어요.

12
가운데 선에 맞춰
양쪽을 아래로
세모 접어요.

13
조금 벌어지게 양쪽을
아래로 세모 접어요.

풀잎 완성!

14
1단 꽃잎의 아랫부분에
풀칠한 후 풀잎의 가운데를
벌려 끼워 넣어요.

완성!

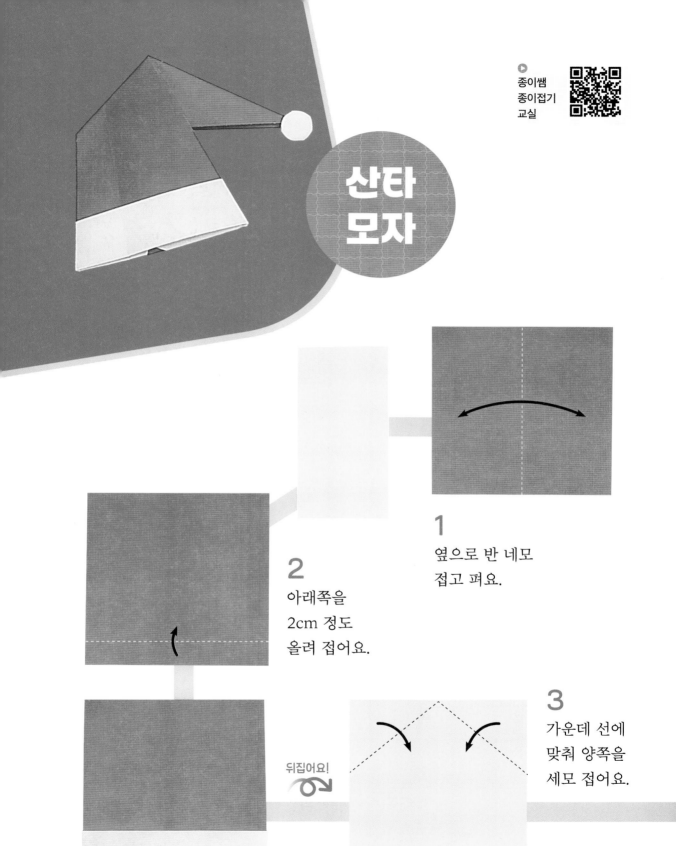

종이쌤
종이접기
교실

산타 모자

1
옆으로 반 네모
접고 펴요.

2
아래쪽을
2cm 정도
올려 접어요.

뒤집어요!

3
가운데 선에
맞춰 양쪽을
세모 접어요.

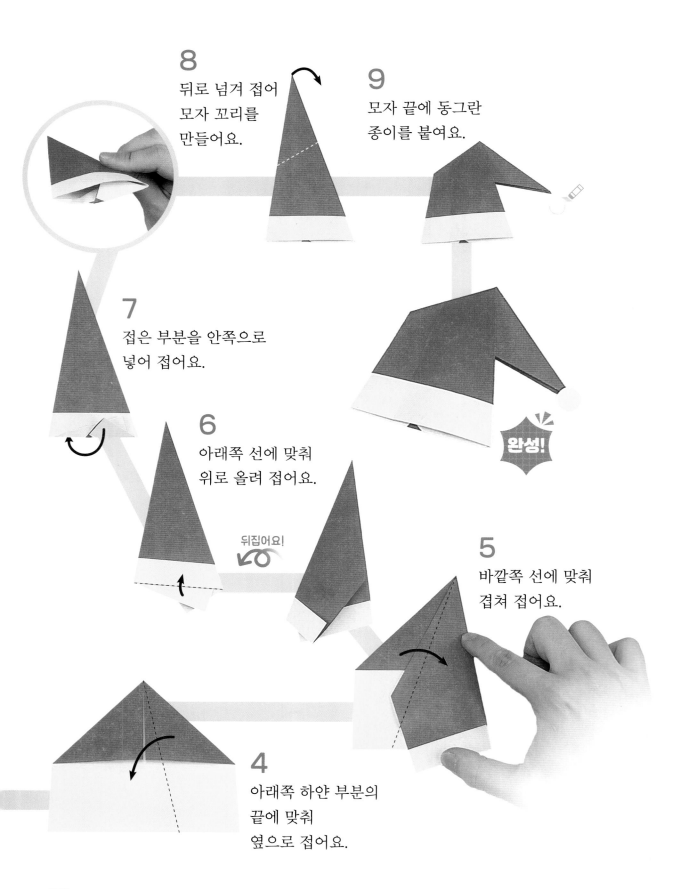

8
뒤로 넘겨 접어
모자 꼬리를
만들어요.

9
모자 끝에 동그란
종이를 붙여요.

완성!

7
접은 부분을 안쪽으로
넣어 접어요.

6
아래쪽 선에 맞춰
위로 올려 접어요.

뒤집어요!

5
바깥쪽 선에 맞춰
겹쳐 접어요.

4
아래쪽 하얀 부분의
끝에 맞춰
옆으로 접어요.

산타 장화

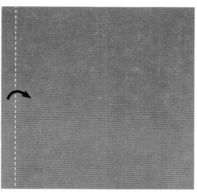

1
왼쪽 옆을
1cm 정도 접어요.

뒤집어요!

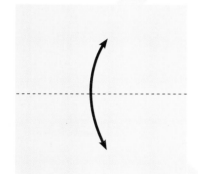

2
아래로 반 네모
접고 펴요.

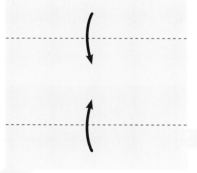

3
가운데 선에 맞춰
위아래를 네모 접어요.

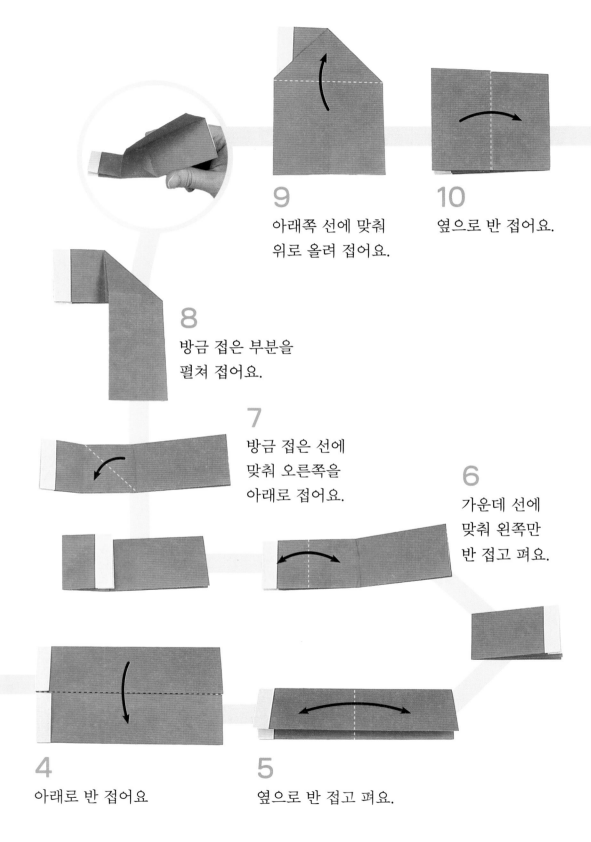

9

아래쪽 선에 맞춰
위로 올려 접어요.

10

옆으로 반 접어요.

8

방금 접은 부분을
펼쳐 접어요.

7

방금 접은 선에
맞춰 오른쪽을
아래로 접어요.

6

가운데 선에
맞춰 왼쪽만
반 접고 펴요.

4

아래로 반 접어요

5

옆으로 반 접고 펴요.

154

11

윗부분을 양쪽
모두 비스듬히
세모 접어요.

12

방금 접은 부분을
모두 안쪽으로
넣어 접어요.

13

왼쪽 모서리만
조금 세모 접어요.

14

방금 접은 부분을
안쪽으로 넣어
접어요.

완성!

PART 4

귀엽고도 신비로운
동물

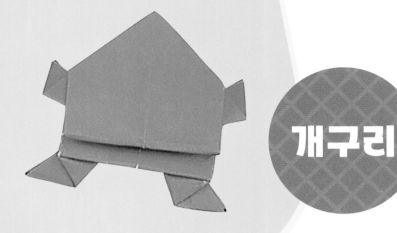

개구리

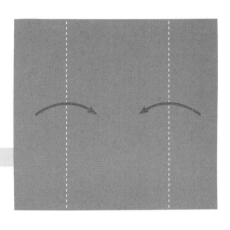

1

14쪽을 참고하여
대문 접기 해요.

2

양쪽으로 세모 접고 펴서
X 표시선을 만들어요.

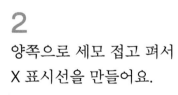

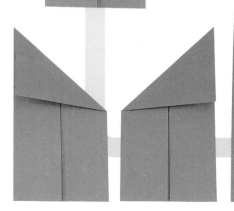

뒤집어요!

3

점선대로 내려
접고 펴요.

8

반대쪽도
똑같이
접어요.

9

한 겹을
원래대로
펴 줘요.

7

접은 부분을 한쪽으로
넘기고 아래쪽을
가운데로 반 접어요.

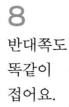

6

바깥쪽으로
튀어나오도록
양쪽을 세모 접어요.

5

세모 선에 맞춰
올려 접어요.

뒤집어요!

4

표시선을 따라 모아 접어
세모주머니를 만들어요.

10

뽀족한 부분에
맞춰 올려 접어요.

11

⬇에 손가락을 넣어 벌려
네모를 펼쳐 접어요.

12

양쪽을 아래로
세모 접어요.

13

표시선에 맞춰
양쪽을 세모 접어요.

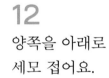

14

가운데 선을
따라 올려
접어요.

15

아래로
계단 접어요.

뒤집어요!

완성!

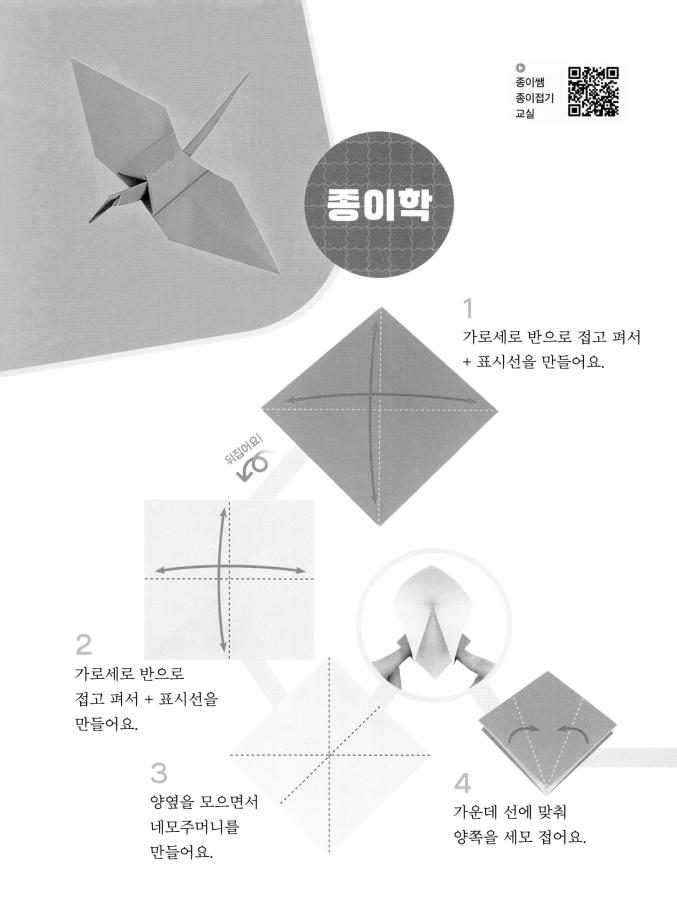

종이학

1
가로세로 반으로 접고 펴서
+ 표시선을 만들어요.

뒤집어요!

2
가로세로 반으로
접고 펴서 + 표시선을
만들어요.

3
양옆을 모으면서
네모주머니를
만들어요.

4
가운데 선에 맞춰
양쪽을 세모 접어요.

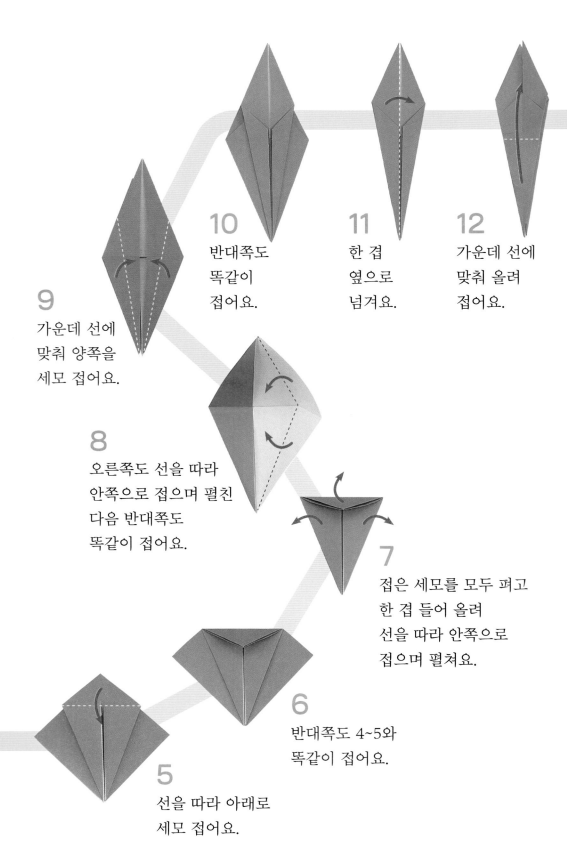

10

반대쪽도
똑같이
접어요.

11

한 겹
옆으로
넘겨요.

12

가운데 선에
맞춰 올려
접어요.

9

가운데 선에
맞춰 양쪽을
세모 접어요.

8

오른쪽도 선을 따라
안쪽으로 접으며 펼친
다음 반대쪽도
똑같이 접어요.

7

접은 세모를 모두 펴고
한 겹 들어 올려
선을 따라 안쪽으로
접으며 펼쳐요.

6

반대쪽도 4~5와
똑같이 접어요.

5

선을 따라 아래로
세모 접어요.

13

한 겹 넘기면서 옆선이
모두 맞도록 올려 접은 부분을
비스듬히 빼 접어요.

14

반대쪽도 11~13과
똑같이 접어요.

15

머리 부분을
안쪽으로
넣어 접어요.

16

날개를 펼치며
몸통 부분을
펴 줘요.

완성!

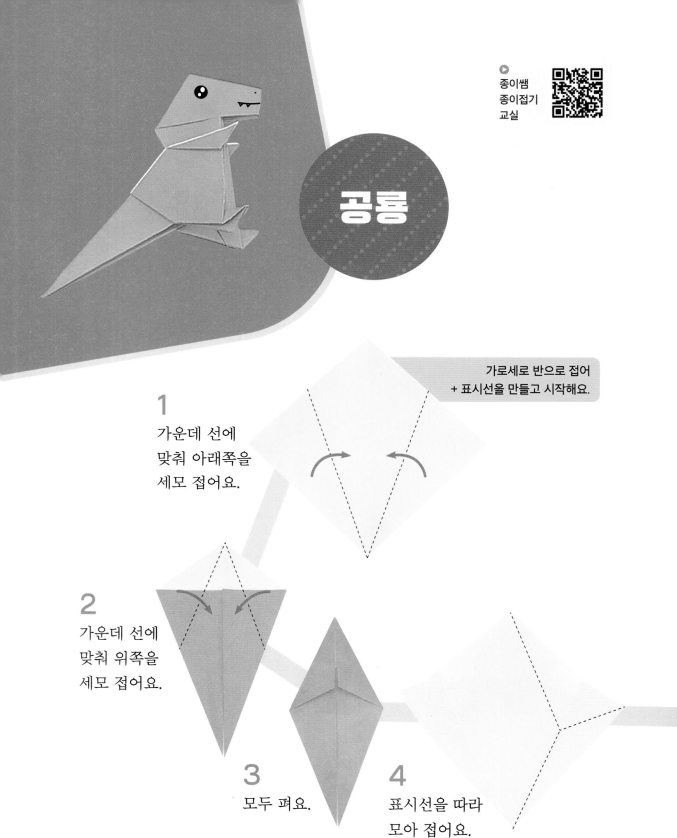

공룡

가로세로 반으로 접어
+ 표시선을 만들고 시작해요.

1

가운데 선에
맞춰 아래쪽을
세모 접어요.

2

가운데 선에
맞춰 위쪽을
세모 접어요.

3

모두 펴요.

4

표시선을 따라
모아 접어요.

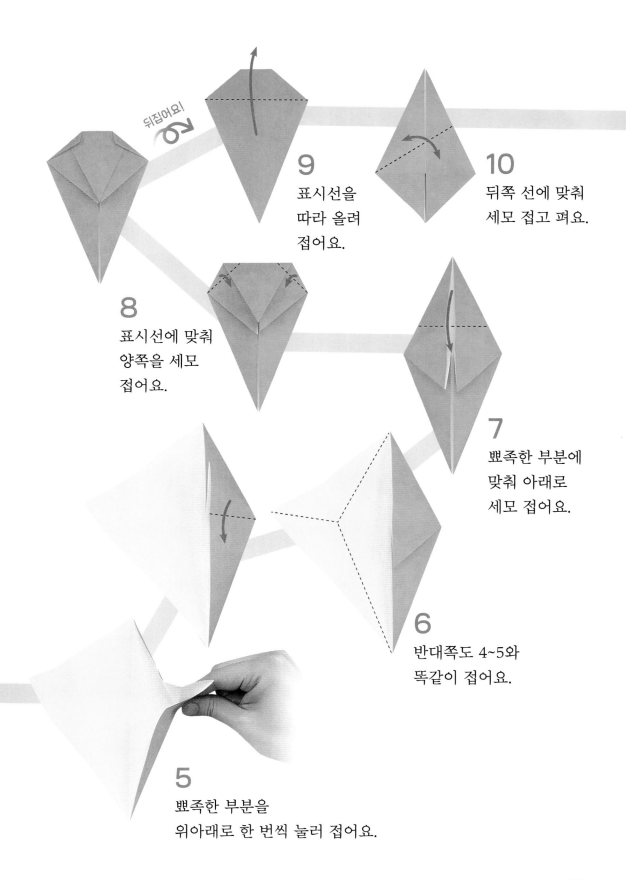

9

표시선을
따라 올려
접어요.

뒤집어요!

10

뒤쪽 선에 맞춰
세모 접고 펴요.

8

표시선에 맞춰
양쪽을 세모
접어요.

7

뾰족한 부분에
맞춰 아래로
세모 접어요.

6

반대쪽도 4~5와
똑같이 접어요.

5

뾰족한 부분을
위아래로 한 번씩 눌러 접어요.

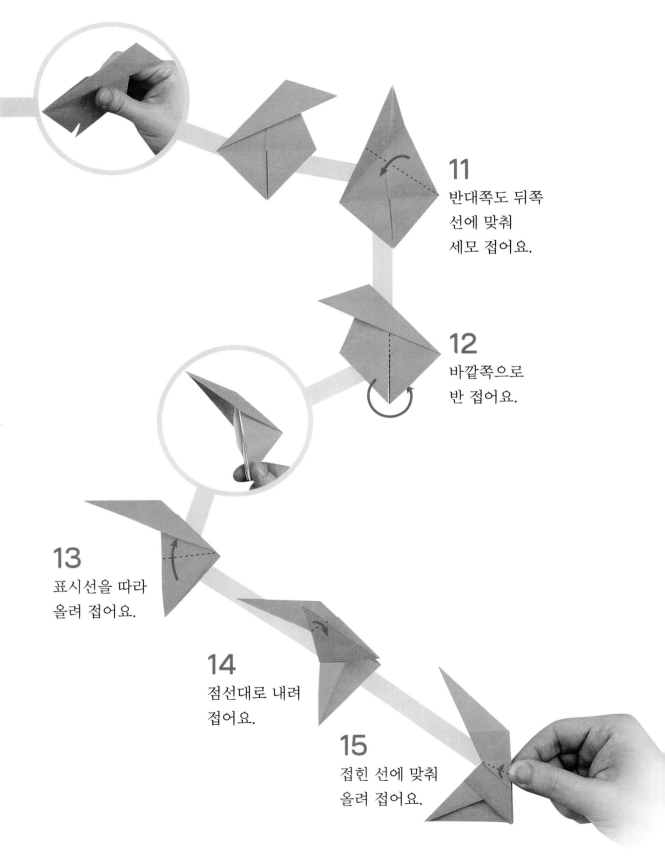

11
반대쪽도 뒤쪽
선에 맞춰
세모 접어요.

12
바깥쪽으로
반 접어요.

13
표시선을 따라
올려 접어요.

14
점선대로 내려
접어요.

15
접힌 선에 맞춰
올려 접어요.

20

반대쪽도
똑같이 접어요.

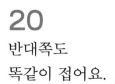

21

1cm 정도 남기고
머리 부분을 접어요

19

방금 접은 부분을
펴서 표시선을 따라
안쪽으로 넣어 접어요.

18

반대쪽도
똑같이 접어요.

17

점선대로 튀어
나오도록 세모 접어요

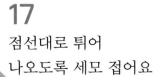

16

반대쪽도 13~15와
똑같이 접어요.

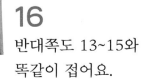

22

표시선을 따라
바깥쪽으로 빼 접어요.

23

★과 ★이 만나도록
세모 접어요.

24

접은 부분을 펴서
표시선을 따라
안쪽으로 넣어 접어요.

완성!

25

얼굴을 그려요.

브라키오 사우루스

가로세로 반으로 접어
+ 표시선을 만들고 시작해요.

1
가운데 선에
맞춰 아래쪽을
세모 접고 펴요.

뒤집어요!

2
세모 접은 선을
가운데 선에
맞춰 접어요.

3
반대쪽도
똑같이 접어요.

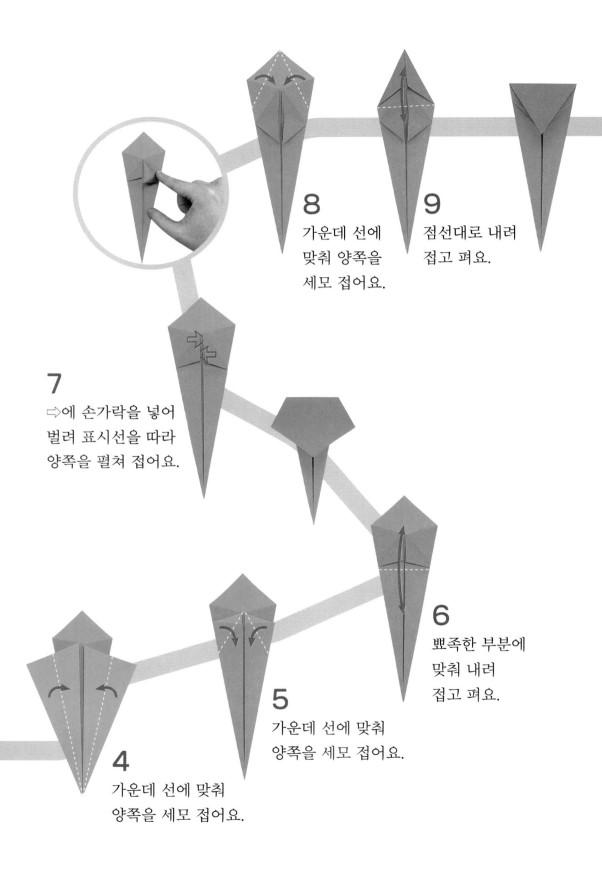

8
가운데 선에
맞춰 양쪽을
세모 접어요.

9
점선대로 내려
접고 펴요.

7
⇨에 손가락을 넣어
벌려 표시선을 따라
양쪽을 펼쳐 접어요.

6
뾰족한 부분에
맞춰 내려
접고 펴요.

5
가운데 선에 맞춰
양쪽을 세모 접어요.

4
가운데 선에 맞춰
양쪽을 세모 접어요.

10

⇨에 손가락을 넣어 벌려
표시선을 따라 펼쳐 접어요.

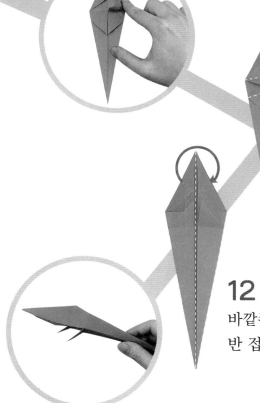

11

세모를 모두
올려 접어요.

12

바깥쪽으로
반 접어요.

13

표시선에 맞춰
위로 세모 접어요.

14

접은 부분을 펴고 ⇩에
손가락을 넣어 벌려 표시선을
따라 안쪽으로 넣어 접어요.

19
얼굴을 그려요.

18
표시선에 맞춰 세모 접어요.
반대쪽도 똑같이 접어요.

17
안쪽으로 반 넣고
눌러 접어 머리를
만들어요.

15
목 부분을
내려 접어요.

16
접은 부분을 펴서
표시선을 따라
안쪽으로 넣어 접어요.

티라노
사우루스

◆ 색종이와 함께 풀을 준비해요!

161~162쪽을 보고 8번까지
똑같이 접고 시작해요.

1

가운데 선에 맞춰
양쪽으로 세모 접고 펴서
X 표시선을 만들어요.

2

표시선을 따라 모아
접고 양쪽으로
한 번씩 눌러 접어요.

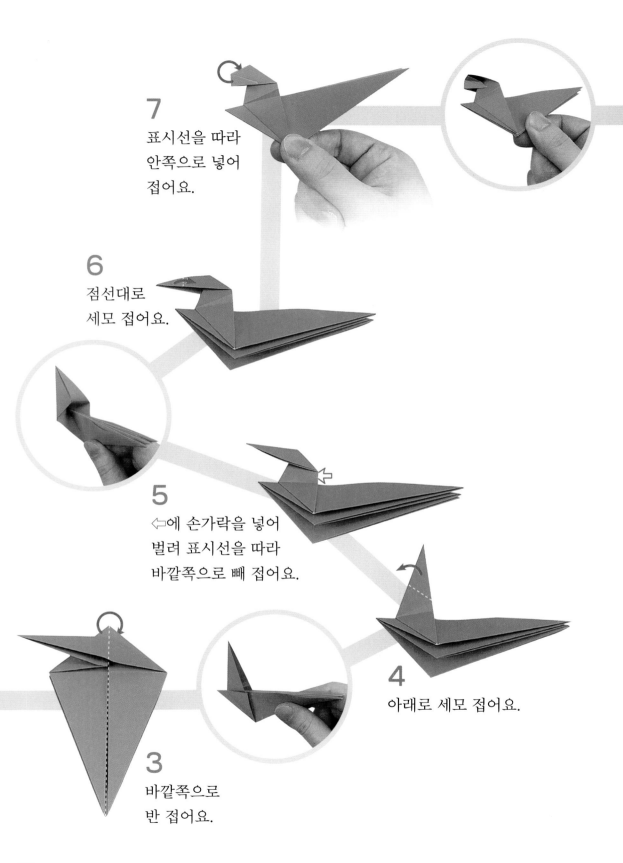

7

표시선을 따라
안쪽으로 넣어
접어요.

6

점선대로
세모 접어요.

5

⇦에 손가락을 넣어
벌려 표시선을 따라
바깥쪽으로 빼 접어요.

4

아래로 세모 접어요.

3

바깥쪽으로
반 접어요.

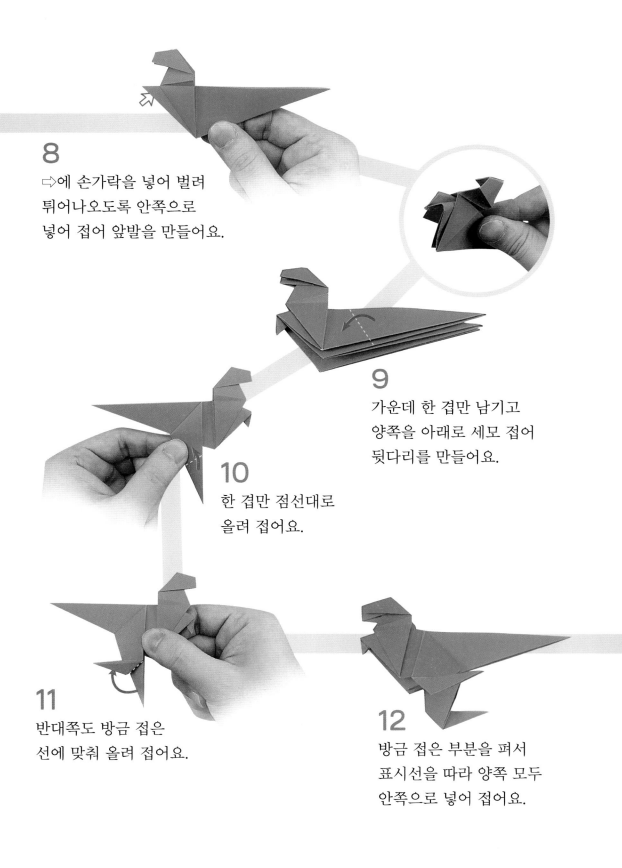

8

⇨에 손가락을 넣어 벌려
튀어나오도록 안쪽으로
넣어 접어 앞발을 만들어요.

9

가운데 한 겹만 남기고
양쪽을 아래로 세모 접어
뒷다리를 만들어요.

10

한 겹만 점선대로
올려 접어요.

11

반대쪽도 방금 접은
선에 맞춰 올려 접어요.

12

방금 접은 부분을 펴서
표시선을 따라 양쪽 모두
안쪽으로 넣어 접어요.

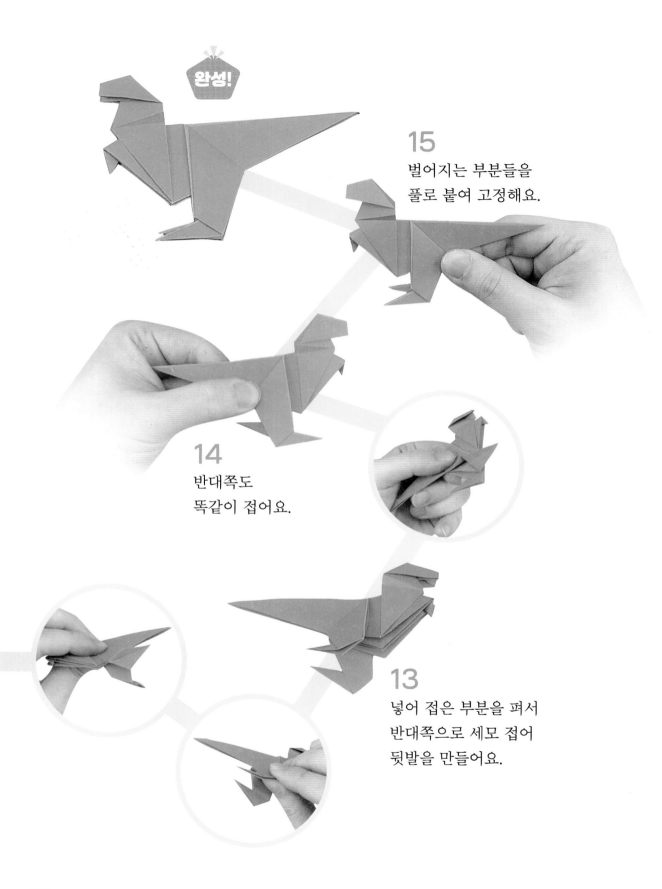

완성!

15
벌어지는 부분들을
풀로 붙여 고정해요.

14
반대쪽도
똑같이 접어요.

13
넣어 접은 부분을 펴서
반대쪽으로 세모 접어
뒷발을 만들어요.

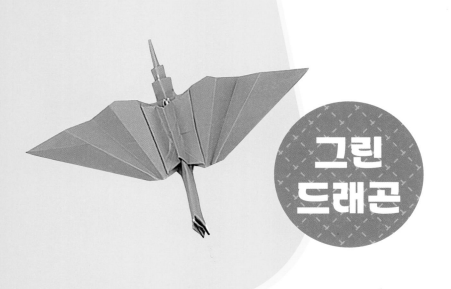

종이쌤
종이접기
교실

그린 드래곤

161~162쪽을 보고 10번까지
똑같이 접고 시작해요.

1

⇨에 손가락을 넣어
벌려 뾰족한 부분에
맞춰 위로 넣어 접어요.

2

반대쪽보다
조금 내려서
넣어 접어요.

3

⇨에 손가락을 넣어 벌려
머리가 될 부분을
넣어 접어요.

4

끝부분이 튀어나오도록
위로 세모 접고 벌어진
부분을 오므려요.

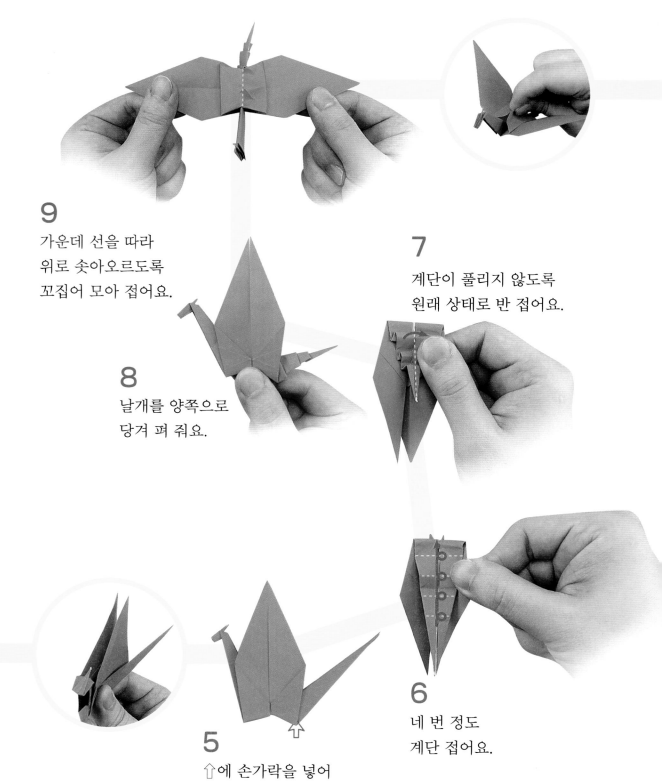

9

가운데 선을 따라
위로 솟아오르도록
꼬집어 모아 접어요.

8

날개를 양쪽으로
당겨 펴 줘요.

7

계단이 풀리지 않도록
원래 상태로 반 접어요.

6

네 번 정도
계단 접어요.

5

⇧에 손가락을 넣어
벌려 꼬리 부분을 펴요.

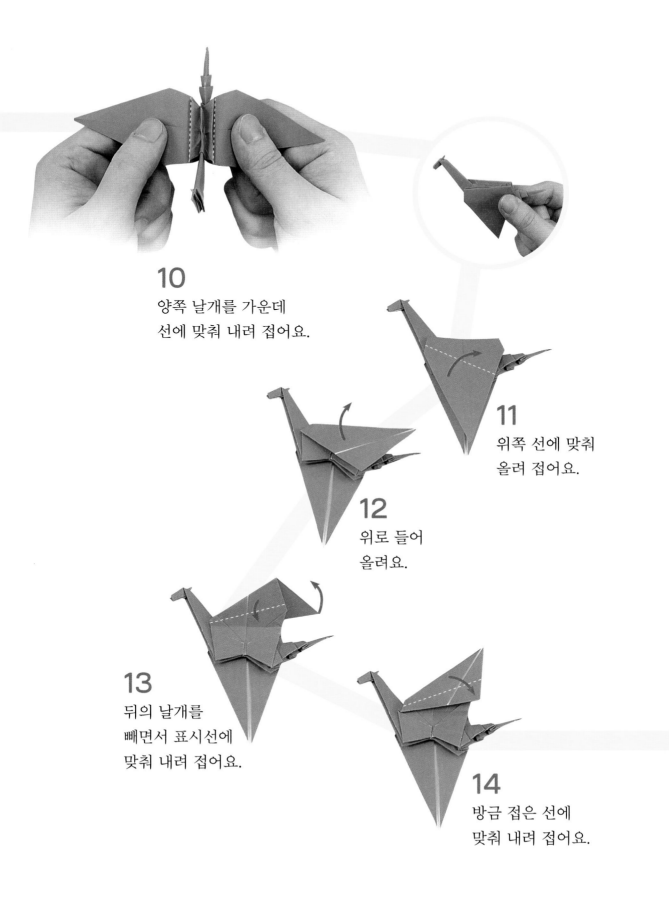

10

양쪽 날개를 가운데
선에 맞춰 내려 접어요.

11

위쪽 선에 맞춰
올려 접어요.

12

위로 들어
올려요.

13

뒤의 날개를
빼면서 표시선에
맞춰 내려 접어요.

14

방금 접은 선에
맞춰 내려 접어요.

완성!

17
날개를 펼쳐
모양을 잡아요.

16
아래쪽 두 곳을 바깥쪽으로
세모 접어 다리를 만들어요.
반대쪽도 똑같이 접어요.

15
반대쪽도 11~14와
똑같이 접어요.

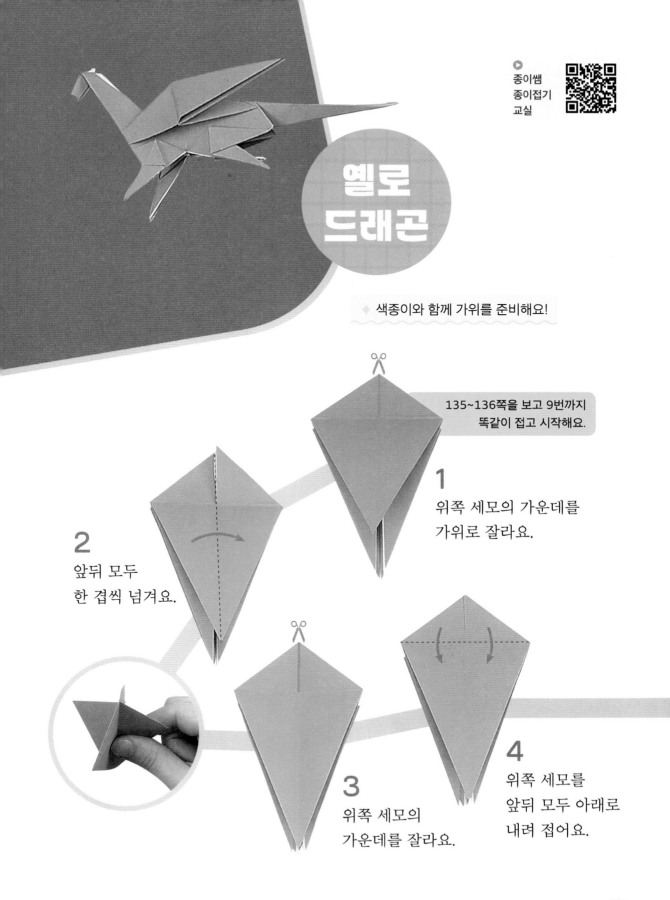

종이쌤
종이접기
교실

옐로
드래곤

◆ 색종이와 함께 가위를 준비해요!

135~136쪽을 보고 9번까지
똑같이 접고 시작해요.

1
위쪽 세모의 가운데를
가위로 잘라요.

2
앞뒤 모두
한 겹씩 넘겨요.

3
위쪽 세모의
가운데를 잘라요.

4
위쪽 세모를
앞뒤 모두 아래로
내려 접어요.

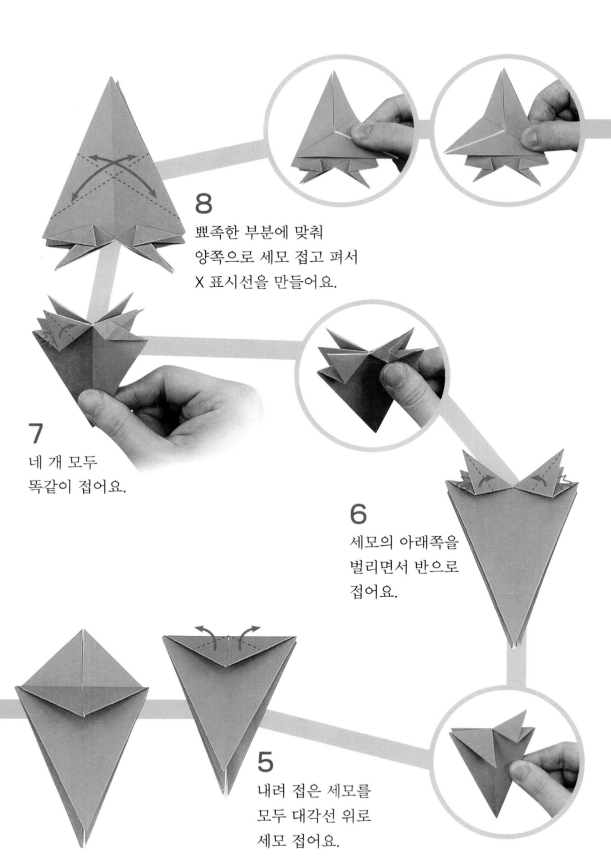

8
뾰족한 부분에 맞춰
양쪽으로 세모 접고 펴서
X 표시선을 만들어요.

7
네 개 모두
똑같이 접어요.

6
세모의 아래쪽을
벌리면서 반으로
접어요.

5
내려 접은 세모를
모두 대각선 위로
세모 접어요.

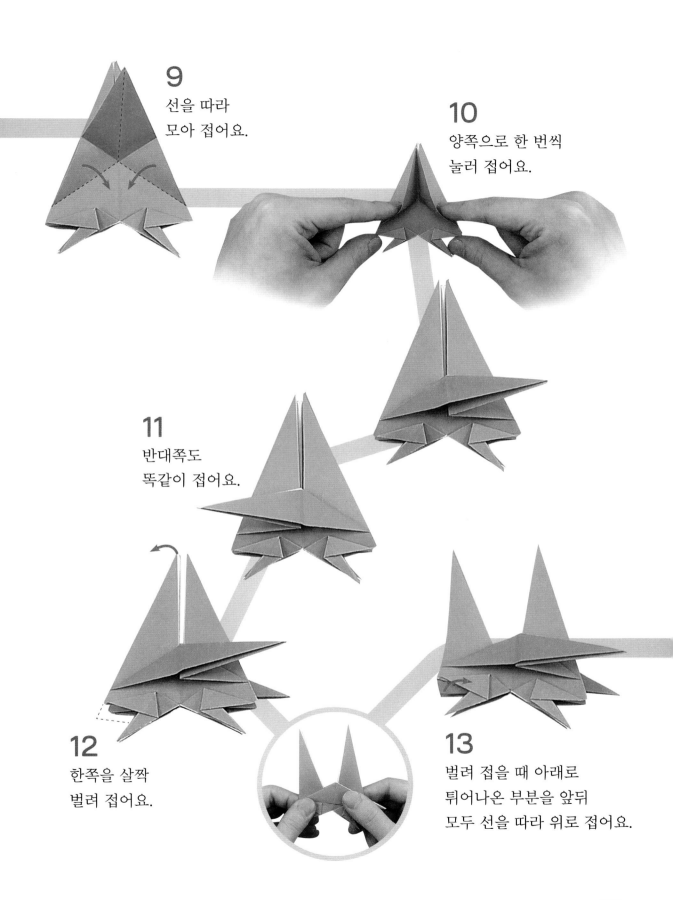

9 선을 따라
모아 접어요.

10 양쪽으로 한 번씩
눌러 접어요.

11 반대쪽도
똑같이 접어요.

12 한쪽을 살짝
벌려 접어요.

13 벌려 접을 때 아래로
튀어나온 부분을 앞뒤
모두 선을 따라 위로 접어요.

17

꼬리 부분을
안쪽으로
넣어 접어요.

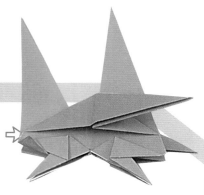

16

위로 튀어나오도록
세모 접어 뿔을
만들어요.

15

안쪽으로 넣어
접어 머리 부분을
만들어요.

14

에 손가락을 넣어 벌려
가운데 선에 맞춰 양쪽을
세모 접어요.

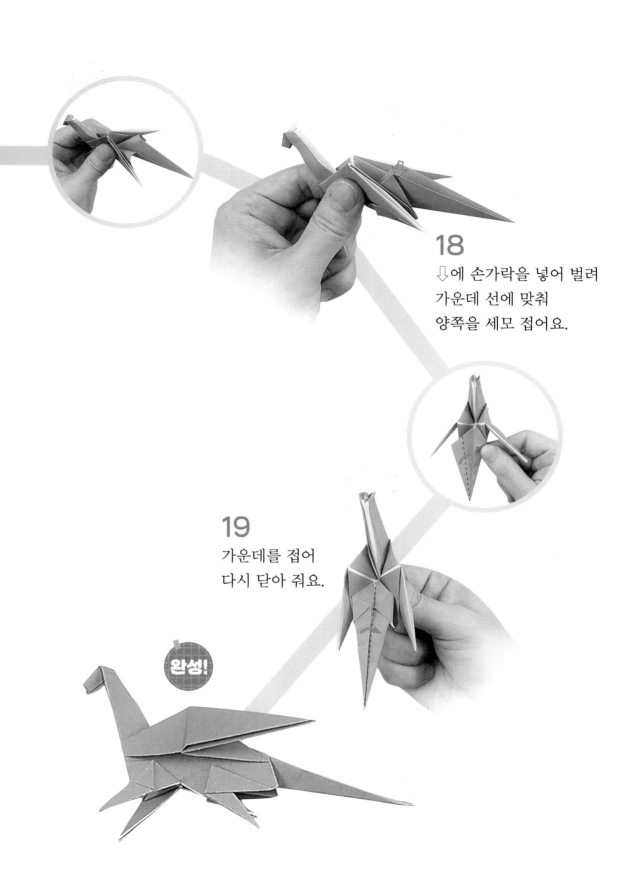

18

⬇에 손가락을 넣어 벌려
가운데 선에 맞춰
양쪽을 세모 접어요.

19

가운데를 접어
다시 닫아 줘요.

완성!

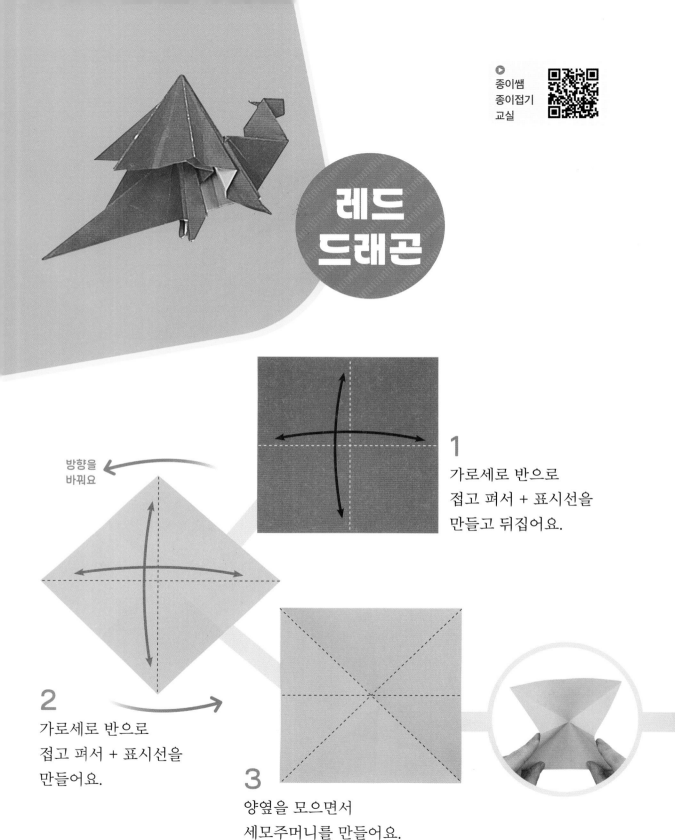

레드
드래곤

1
가로세로 반으로
접고 펴서 + 표시선을
만들고 뒤집어요.

방향을
바꿔요

2
가로세로 반으로
접고 펴서 + 표시선을
만들어요.

3
양옆을 모으면서
세모주머니를 만들어요.

186

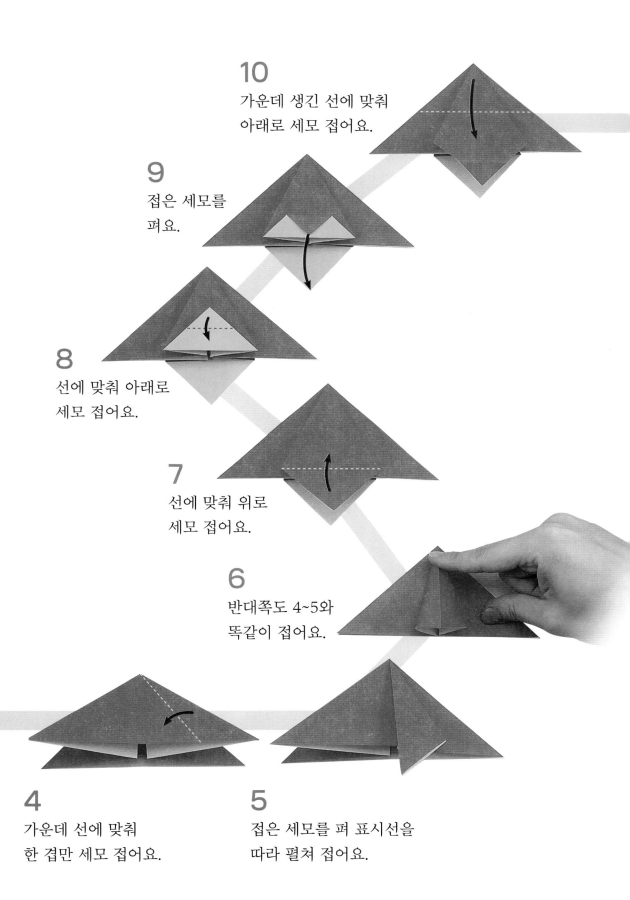

10
가운데 생긴 선에 맞춰
아래로 세모 접어요.

9
접은 세모를
펴요.

8
선에 맞춰 아래로
세모 접어요.

7
선에 맞춰 위로
세모 접어요.

6
반대쪽도 4~5와
똑같이 접어요.

4
가운데 선에 맞춰
한 겹만 세모 접어요.

5
접은 세모를 펴 표시선을
따라 펼쳐 접어요.

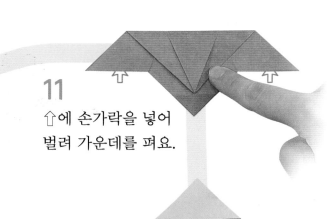

11

⇑에 손가락을 넣어
벌려 가운데를 펴요.

12

아래쪽 선에 맞춰
양쪽을 접어요.

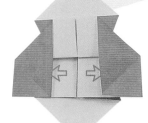

13

⇨에 손가락을
넣어 벌려 위쪽 선에
맞춰 양쪽을 접어요.

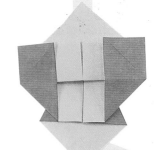

14

양쪽 모두 접은
부분을 펴 표시선을
따라 모아 접어요.

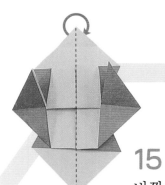

15

바깥쪽으로
반 접어요.

20

몸체와 조금 떨어지게
안쪽으로 넣어 접어요.

19

날개 부분과 조금
떨어지게 위로
넣어 접어요.

18

네 곳 모두 똑같이
넣어 접어요.

17

아래쪽 선에 맞춰
안쪽으로 넣어
접어요.

16

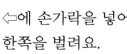에 손가락을 넣어
한쪽을 벌려요.

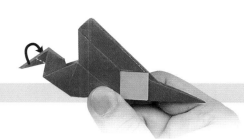

21
넣어 접은 부분을
위로 튀어나오도록
접어요.

22
날개 부분을
펴요.

23
가운데를 잡아당기면서
대각선으로 펴 접어요.

24
똑같은 방법으로 반대쪽도
대각선으로 펴 접어요.

25
선에 맞춰
세모 접어요.

26
선에 맞춰
세모 접어요.

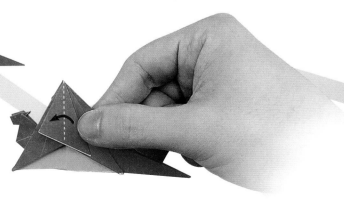

31
날개를
반대쪽으로
넘겨요.

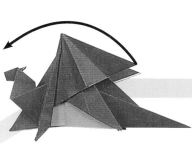

30
아래쪽 색이 다른
부분을 넣어 접어요.

29
선에 맞춰
세모 접어요.

28
선에 맞춰
세모 접어요.

27
선을 살리며
펴요.

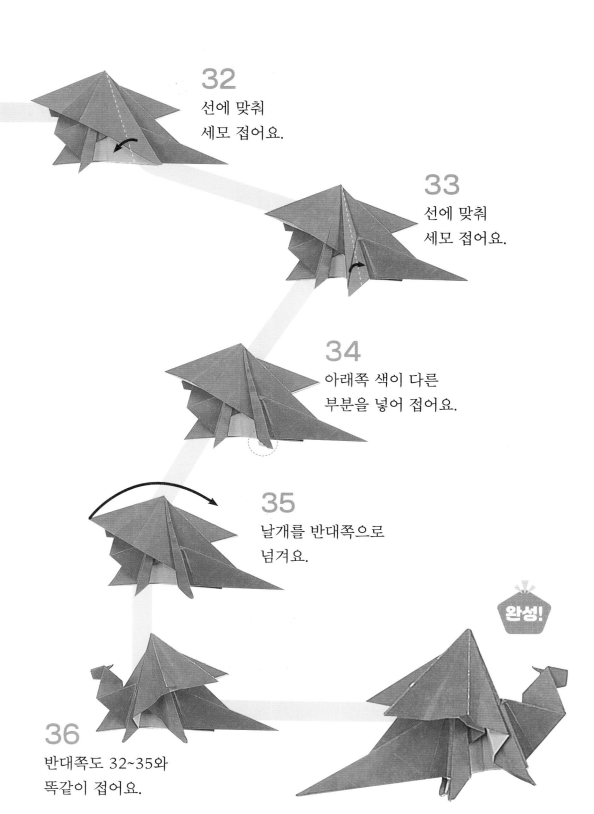

32
선에 맞춰
세모 접어요.

33
선에 맞춰
세모 접어요.

34
아래쪽 색이 다른
부분을 넣어 접어요.

35
날개를 반대쪽으로
넘겨요.

36
반대쪽도 32~35와
똑같이 접어요.

완성!